【改訂版】
障がい者雇用の教科書

教科書

人事が知るべき
5つのステップ

二見 武志
Takeshi Futami

はじめに

御社の障がい者雇用は進んでいますか？

あなたは、障がい者雇用の研修を受けましたか？
障がい者に合う業務を見つけ出せましたか？
入社した障がい者は職場に定着していますか？
受け入れ現場の理解はどうですか？

各部署のリーダーは障がい者の管理責任を果たしていますか？
障害者雇用促進法が改定されましたが、雇用する準備はできていますか？
御社の障がい者はモチベーション高く働いてくれていますか？

もし思い当たる節がある場合、ぜひ本書を参考にして御社の障がい者受け入れ態勢を改めてチェックしてみてください。

現在、国内には障がいのある方が約964万人、人口比では約7.6％います。障害者雇用促進法によって、民間企業は常用雇用者数の2.2％を雇用しなければならない義務があります。令和元年度の民間企業における実雇用率は過去最高の2.11％になりました。企業数で見ると、全国では48.0％（令和元年度厚生労働省発表）が達成されています。民間企業に雇用されているのは約56万人で、前年より4.8％（約2万5000人）増加しているのが現状です。

しかし、未達成企業は全国で約5万3000社あり、その中で障がい者の雇用数が0人という企業は約3万社あります。

障がい者を採用する意思はあるものの、そのノウハウがなく、困っている企業も少なくありません。また、大都市においては障がい者の「売り手市場」が進み、他地域における企業にとってはより厳しい状況になっています。

では、企業が障がい者を雇用できる「力」をつけるにはどうすれば良いのでしょうか。

　従来のハローワークや支援機関に任せきりの採用ではなく、企業自身が積極的に障がい者を採用・雇用する力をつける時代になってきていると言えます。

　筆者はこれまでに国内外で800社以上の企業において、障がい者雇用に関連する研修を行いました。そして、700名以上の障がい者の就職を支援してきてもいます。

　本書では、こうした経験から得た障がい者雇用に関する知識やノウハウを「5つのステップ」に分け、平易にわかりやすく、そして障害者雇用促進法の実際の導入までの経緯を踏まえながら解説していきます。

　筆者自身、本書で述べている知識やノウハウを糧に、現在でも精神障がいの方や知的障がいの方などを採用し、一緒に働いてもいます。

　また初版から5年が過ぎ法令等が変更になった部分が多々あり、それらを反映の上、この度改訂版として発刊することとなりました。

　本書執筆にあたり、各企業の障がい者雇用の促進と、企業と障がい者が共に幸せに暮らせる社会作りの実現に役立つことを願っております。

令和2年7月　　　　　　　　　　　　　　　　　　　　　二見　武志

CONTENTS

第3章 🌱 障がいの種類と特性について知ろう

第4章 🌱 社内に障がい者を受け入れてみよう

第**7**章 🌱 障がい者雇用で成功している企業の事例

🌱 巻末資料

引用・参考文献

・「令和元年障害者雇用状況の集計結果」、厚生労働省

・「平成30年度障害者雇用実態調査」、厚生労働省

・「令和元年度版障害者白書」、内閣府

・「令和元年賃金構造基本統計調査（全国）」、厚生労働省

・「平成26年度就業支援ハンドブック」、独立行政法人　高齢・障害・求職者雇用支援機構　障害者職業総合センター　職業リハビリテーション部

・「はじめからわかる障害者雇用～事業主のためのQ&A集～」、独立行政法人高齢・障害・求職者雇用支援機構　雇用開発推進部

・「はじめての障がい者雇用」、独立行政法人高齢・障害・求職者雇用支援機構　障害者職業総合センター　職業リハビリテーション部

・「改訂版　障害のある方への接遇マニュアル」、〔東京都心身障害者福祉センター編集〕

・「高次脳機能障害マエストロシリーズ　4」、鈴木孝治等、p98、医歯薬出版株式会社

・「令和元年度（2019年度）大学、短期大学及び高等専門学校における障害のある学生の修学支援に関する実態調査結果報告書」、独立行政法人日本学生支援機構

第1章

障がい者雇用の
考え方

障がい者雇用を行おう

障がい者雇用は、法律で定められた企業の義務です。会社全体の経営課題の一つとして大まかな法律の内容を押さえ、障がい者雇用を行いましょう。

🌱 障がい者雇用は企業の義務

なぜ、企業は障がい者を雇用しないといけないのでしょうか？

現在、「企業は障がい者を雇用しなければならない」とするルールが正式に改定され続けています。それが「障害者の雇用の促進などに関する法律」（以下「障害者雇用促進法」）です。

この法律によって、日本国内の民間企業は、常用雇用者数の2.2%にあたる人数の障がい者を雇わなければならないという義務が生じました。単純計算で、社員数45.5人の企業であれば、1人以上の障がい者を雇用する義務があるのです。

法律の詳細はひとまず措いておき、ここでは企業側が把握しておくべき以下の点をしっかりと押さえておきましょう。

■障害者雇用促進法の要点

●国内企業は、株式会社、合資会社、有限会社など企業の形態を問わず、常用雇用者数の 2.2%以上にあたる障がい者を雇用する義務がある。

●民間企業の法定雇用率は、1.5%→ 1.8%→ 2.2%（令和 3 年 4 月より前に 2.3%）と増加している。原則 5 年間に 1 回見直している。

まずは、この法律を守るという法令遵守が前提です。最近は大手企業を中心にCSR（企業が果たすべき社会的責任やSDGs）の観点からも障がい者雇用が進んできています。

最新のデータによれば、民間企業による障がい者の実雇用率の全国平均は2.11%で、法定雇用を達成している企業数は48%です（令和元年度厚生労働省発表）。これは約5万3000社が未達成というこ

とを意味します。

　令和元年度現在で常用労働者数100人超の企業は、障がい者雇用の未達成人数1人につき毎月5万円の納付金を支払わなければなりません。これを「障害者雇用納付金制度」といいます。法律に基づいて障がい者雇用に取り組んでいる企業と、そうではない企業の間に発生する経済的アンバランスを是正するための処置です。

　そして「雇い入れ計画作成命令」の対象となった未達成企業は、全国の管轄ハローワークに2か年の障がい者雇い入れ計画を提出します。提出後3年間で雇い入れ計画が達成できない場合はハローワークから指導が入り、「改善が見られない」と判断されると、厚生労働省のホームページに企業名が公表されるケースもあります。平成29、30年は0社でしたが、年によっては0〜8社程が社名を公表されています。

　当然のことですが、企業名を公表されると企業のイメージダウンにつながります。特に大手企業になると株価に影響したり、海外取引などに影響するリスクもあります。実際に障がい者雇用を遵守していないことで、株主から企業が訴えられたケースもあります。

　こうしたことから、企業側の障がい者雇用は確実に増えつつあります。障がい者がハローワークを通じて就職した件数は、11年以上連続で大きく伸び、平成30年度は10万件超で過去最高を更新しています。加えて、企業の障がい者雇用においては人材の取り合いがますます激化する傾向にあります。

　なお、平成27年の法改正では、常用労働者が100名以上の企業も「障害者雇用納付金制度」の算定対象として追加されました。加えて平成30年より「精神障がい者が法定雇用率の算定基礎の対象として追加」されており、障がい者雇用がさらに激化することは火を見るより明らかです。筆者は、障がい者雇用は単なる人事の課題だけにとどまらず、企業全体の重要な経営課題の一つと心得ています。

雇用を成功させる
3つのポイント

筆者が障がい者就労支援や企業研修を実施した経験から得た雇用のポイントは3つあります。その3つのポイントをご紹介します。

🌱 ①障がい者雇用の事例を知る

まず、企業の人事担当者が障がい者雇用について少しでも知ることが、企業の障がい者雇用を進める1つ目のポイントとなります。現在、日本の企業における障がい者の雇用は、中途採用や新卒採用の延長で実施されている傾向が多く見受けられます。障がい者雇用も健常者雇用も、いずれも求人募集から始まり、面接をして採用・教育・職場定着に至る流れは同じです。

その中で、企業側は障がい者雇用に関して、雇用率や障害者雇用促進法などの制度面の知識と、障がい者や障がいの特性などについての知識の必要性が求められます。しかし、これらを体系的に学ぶ機会は多くありません。法律や雇用の制度・事例についての知識不足から、障がい者雇用、ともすれば障がい者そのものを先入観や偏見で見てしまいがちです。

「障がい者雇用を進めたいがどうすればいいかわからない」
「万が一、事故が起きたときのリスクが怖い」
「生産性が低いのではないか」
「障がい者に割り振る仕事がない」
「受け入れ部署が嫌がるのではないか」

など、企業から多くの声が寄せられています。このように、企業に障がい者雇用の知識がないと、障がい者雇用の適切な方法がわからず、雇用が進まないという結果になります。

　なぜならば、人は通常、知らないこと・経験していないことに不安を覚えるため、なかなか行動に踏み切ることができないからです。これは、障がい者雇用の経験や、障がい者と接する機会が少なく慣れていない方にとって当然のことです。

　雇用される側である障がい者も、本人の人間性に関わりなく障がい名や病名で判断されてしまい、就職まで至らないケースがあります。したがって、障がい者の雇用がスムーズに行われるためには、企業側が障がい者への理解を示すこと、および障がい者側が自分自身の特徴を把握することが必要不可欠です。

　障がい者の採用が進み雇用したあとは雇用管理・職場定着となるので、少しでも多く障がい者雇用について理解することをおすすめします。

　なお、人事採用担当者が障がい者雇用をすべて把握するスペシャリストになる必要はありません。本書では、障がい者雇用を成功させる最低限のポイントを紹介していますので、これが人事担当者の障がい者雇用の理解を促進する一助になればと願っています。

②一人ひとりを知る！

　2つ目のポイントは、障がい者一人ひとりの「できること」「できないこと」を企業が把握して、障がい者一人ひとりに「強み」があることを理解することです。障がい名・病名のみで判断してしまうと、採用担当者の障がいに関する知識だけで採否を判断することになり、結果として雇用できる範囲と可能性を狭めてしまいます。求人募集にせっかく優秀な障がい者が応募してきても、採用の担当者が知らない障がい名だった場合は採用に至らないというケースが多々あります。これは企業にとっても障がい者にとっても機会損失と言わざるを得ません。

　採用担当者が障がい名や病名をすべて把握することは現実的に不可能です。筆者もすべての障がい名や疾患を知っているわけではあ

りません。障がい名や障がいの内容を把握することは大切ですが、すべてを理解する必要はありません。障がいの症状や特性はあくまで一般論であり、一人ひとりの「できること」や「できないこと」「配慮してほしいこと」は千差万別だからです。「〇〇〇という障がいだから、アレはできない、コレはできる」と画一的に判断することは前述の機会損失につながります。

ここで、筆者が企業から頻繁に伺う事例の一つとしての聴覚障がいについて紹介しましょう。企業から「聴覚障がい者は、電話応対ができないから事務職は任せられない」という声をよく耳にします。みなさんは「聴覚障がい者」という言葉を聞くと、どのようなイメージを持ちますか？　聴覚障がいとは聴力の障がいなので、電話応対やコミュニケーションが苦手な方も多くいます。しかし中には、「お客様からの外線電話に応対する自信はありませんが、社内の内線電話はできます」など、電話を使った仕事で活躍している方もいます。筆者が支援した30代男性の聴覚障がい者も、筆者との連絡はいつも電話でのやり取りでした。

このように、「聴覚障がい」一つを例にとっても、個人の能力はまさに千差万別です。電話応対を含む事務をバリバリこなす方もいますし、一方で、電話応対が苦手な方はそれ以外の事務で活躍されています。また、手話が必要な方などケースもさまざまです。

このような事例からも、病名や障がい名で個人の能力を判断するのは難しい、ということがわかります。ポイントは障がい者の「できること」と「できないこと」を切り分けてみることです。一人ひとり「できること」と「できないこと」がありますが、障がい者は「できないこと」があってあたりまえです。健常者各人にもそれぞれ個性があるように、得手不得手は誰にでもあります。

③支援機関と上手に付き合う!

人事採用担当者の業務は、新卒採用・中途採用など幅広く、加え

て労務管理、教育関係、その他の部門を兼任する方、中には社長が採用業務を担当するなど、企業によってさまざまです。

そこで、3つ目のポイントとして、ハローワークや各地域にある障害者就業・生活支援センターなど、障がい者雇用の支援を実施する支援機関の活用が挙げられます（巻末資料参照）。公的な支援機関は「無料」で雇用支援のサービスを行っています。支援機関と上手に付き合い、職務の切り出しや障がい者側への支援など、有効に活用することをおすすめします。

日々の業務の中で、「法律改正への対応」「助成金の活用・申請」「障がい者の事例を把握する」「障がい者一人ひとりに合う職場定着のフォローをする」など、すべてを人事担当者がこなすのは到底無理なことです。

人事担当者の雇用管理について見てみましょう。人事部や受け入れ部署は会社や職場での出来事については障がい者をフォローできますが、家庭やその他の生活環境でのフォローは現実的には不可能です。しかし、支援機関との関係が構築できていれば、トラブルがあった際など、相談やフォローまでしてもらえる心強い味方となります。このように、支援機関とつながり、上手に付き合うことは大きなメリットになります。

以上に挙げた3つのポイントは、健常者雇用とも共通することですが、障がい者雇用の大変重要なポイントなのです。

■障がい者雇用の3つのポイント

①障がい者雇用の知識や事例を少し知ってみる！

②一人ひとりを知る！

③支援機関と上手に付き合う！

日本における
障がい者雇用の現状

日本における障がい者雇用の現状を知りましょう。また、障がい者雇用に対して企業、障がい者はどう思っているのでしょうか？　実際にアンケートした結果をいくつか紹介します。

🌱 障がい者雇用の現状

　日本における障がい者雇用の現状はどうなっているのでしょうか？　第1節で説明した通り、最新の民間企業による全国の実雇用率は2.11％で、これは法定義務にあたる2.2％には達していません。

　これは企業と障がい者間の互いのニーズが合致していないからであり、企業が障がい者雇用のポイントを知ることで改善することが可能です。

■障がい者雇用の問題点

現状は…　　**企業と障がい者のお互いのニーズが不一致**

企業からの声	**障がいのある方からの声**
○職務が設計しにくい ○障がい者雇用に対する 　相談窓口が欲しい ○職場の周りの人から理解が得られない ○会社の方針、仕事内容に合う人材が 　欲しい ○自社で使えそうな雇用事例が知りたい	○自分に合う仕事を 　紹介して欲しい ○ありのままの自分を 　受け入れてほしい 　（配慮はしてもらいたい 　が、遠慮はいらない） ○長く勤めるために、 　相談できる人が欲しい

障がい者雇用のポイントを知って雇用に生かそう ①知識や雇用事例をおおまかに知って、理解する ②一人ひとりを知る ③支援機関と上手に付き合う

障がい者雇用の現状と問題点から解決策を考える。

障がい者雇用に対する企業の声

　筆者は、障がい者雇用における「企業の現状と課題」を調査するため、大阪府内の企業約300社を対象としたアンケート調査を実施しました。

　アンケートの結果をまとめたところ、以下の「自社で使えそうな雇用事例を知りたい！」「障がい者に任せる仕事がない！」という、２つの大きな回答が得られました。

●自社で使えそうな雇用事例を知りたい!

「自社にそのまま当てはめられる雇用事例を教えてください」

「障がい者雇用が成功する秘訣は何ですか？」

「同じ業界の他社はどうしていますか？」

　という声が数多くありました。

　それに加え、実際の事例や成功のポイントを知り、自社に使える雇用事例が知りたいというニーズが多くありました。

●障がい者に任せる仕事がない!

「障がい者雇用の義務はわかっていますが、どんな仕事を任せたらいいでしょう？」

「障がい者のためだけに新しい仕事は作れない」

　採用担当者は「障がい者を雇用する義務」を頭では分かっていますが、実際に社内のどの部署でどんな仕事を任せたらいいのかをイメージできない状態のようです。ほかにも、

「人事は障がい者雇用を進めたいが、受け入れ現場がなかなか理解してくれない」

「経営者の理解がない」

　など、職場の障がい者雇用への理解不足の悩みが多く見られます。人事採用担当者だけががんばってもなかなか雇用が進まない現状

や、「トップダウンによる障がい者雇用の指示」と「受け入れ現場での理解不足と協力不足」の板挟みで苦悩している現状があることがアンケート結果から判明しました。

　なお、ここに紹介した2つの回答はアンケート結果の80％を超えていました。

🌱 障がい者雇用に対する障がい者の声

　上記の、企業を対象としたアンケートと並んで、障がい者に対してもアンケートが取られました。就労支援機関でのキャリアカウンセリングを通じて実施したアンケートで、調査結果は大きく下記の3つとなっています。

●自分に合う仕事を紹介してほしい

　障がい者は「できないこと」や「特徴」を認知され理解してもらったうえで、「自分に合う企業で働きたい」「雇用して欲しい」と望んでいます。障がいとは「できないことがある」ことです。また、健常者も障がい者も関係なく、得意なこと・苦手なこと・好き嫌い・やりがいを感じることはさまざまです。したがって、障がい者は、自分の障がいや希望、特徴に合う仕事、会社を紹介してほしいと望んでいるのです。

●自分をありのままに受けとめてほしい

　障がい者は、「障がい者」と一つに括られるのではなく、「一人の人間」として接してほしい、向き合ってほしいと望んでいます。

　筆者としては、企業には障がいによる「できないこと」や「配慮してほしいこと」に対する配慮や調整をお願いしたいのですが、「遠慮」は必要ありません。障がい者は「できないこと」以外は、自分でできるのです。中には障がい者として過剰に気遣われたり特別扱いをされたり、「腫れ物に触る」ような対応をされたりすることも

ありますが、自立している障がい者はそれを望んでいません。

例えば、健常者同士であってもお互いのことがよくわからない場合、委縮したり遠慮したりしてしまうことはよくあります。お互いがオープンに付き合ってみて初めてわかり合えることは多くあります。したがって、障がい者に対しても互いに一人の人間として向き合うことが求められています。

●長く勤めるために相談できる人が欲しい

障がい者は会社の中に相談できる相手がいることを望んでいます。会社で仕事をするうえで、人とのかかわりあいは不可欠です。

知的障がいや精神障がいを中心とする、特に支援を要する人に対しては、就労支援員やジョブコーチ、かかりつけの病院や医師、地域のワーカーなどの支援者が必要なのです。

求人票を作成するコツ   COLUMN

求人票は、障がい者が企業に応募する際、その会社を受けるかどうか意思決定していくための大事なツールです。そのため、求人票は仕事がイメージでき、職務がわかりやすいものにすることがポイントです。

例えば、電話応対です。「電話応対必須」と書かれていると、聴覚障がい者など電話業務のできない方、知的障がいや発達障がいで耳からの言語処理ができない方、精神障がいで電話応対が不得意な方などはエントリーしづらくなります。しかし、募集人材に対する必須業務ではない場合、電話応対業務については「電話応対は応相談」と書いておくことです。この文面であれば障がい者の方も面接が受けやすく、エントリー数の増加につながります。

また、職種は「事務」と書くより「事務補助」「事務アシスタント」など、求められる能力を職務分析して、ハードルを下げてイメージしやすく書くこともおすすめです。

なお、求人票には職業安定法上書けないこともあります。具体的にどんな人材が欲しいのか、きめ細やかに伝えたい場合は、人材紹介会社などを活用し、営業担当に伝えると良いでしょう。

重要となる人事の役割

企業の障がい者雇用の必要性は今後ますます高まってきます。今後人事に求められる役割を理解しましょう。

🌱 外部環境の変化

　現在、約56万人の障がい者が民間企業に雇用されています（ダブルカウント・短時間含む）。平成30年4月の法改正により法定雇用率が2.0％から2.2％へ引き上げられ、企業が障がい者を雇用する必要性は高くなるばかりです。

　日本国内では、平成24年に障害者虐待防止法が施行されました。さらに平成28年度には、「障害を理由とする差別の解消の推進に関する法律」いわゆる「障害者差別解消法」が施行されています。障がいに合わせた労働環境の準備など合理的配慮も求められるため、政治的にも社会的にも、障がい者の雇用や社会参画が後押しされているのです。

■民間企業における障がい者の雇用状況

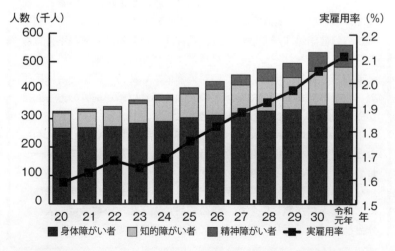

企業の採用状況の変化

　令和元年度におけるハローワークを通じた障がい者の採用状況を見ると、身体障がい者約2万5000人、知的障がい者約2万2000人、精神障がい者約4万9000人が新規雇用されています。精神障がい者の新規雇用が前年対比で約1500人増（3.3％増）と最多で、身体障がい者の新規雇用は前年割れということがわかります。今後、さらに精神障がい者の雇用促進が予想されます。

　そのため企業には、これまで以上に「採用・雇用する力」が求められるようになりました。それは、具体的には「障がい者に合わせて職務を設計する力」および「従業員の障がい者雇用への理解を促進する力」をいいます。

　企業は従来通りの「障がい者に合わせた職務設計」だけを考えるのではなく、「社内の理解度を上げていく」など、総合的な雇用環境の整備を検討するべきでしょう。筆者の取引先の人事担当者が、「雇用率のために雇用する時代は終わった。現在は戦力としての障がい者雇用だ」とおっしゃったのを聞いたときは、まさに障がい者雇用の転機が訪れたと感じました。

　さて、企業が障がい者雇用を進めようとした場合、何から始めれ

■ハローワークを通じた障がい者採用状況

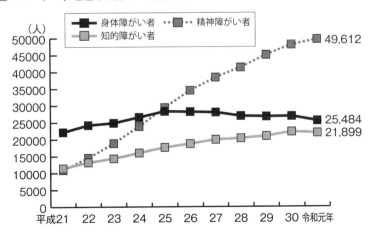

ばいいのでしょうか？

　障がい者雇用に際しては、健常者以上に厳密な職務能力の把握と社内の受け入れなど、さまざまな準備が必要です。この必要なステップを踏んで採用活動を進めることによって、障がい者の雇用と、雇用後に採用者が職場に定着するまでの段階を設定することができます。本書では、5つのステップに沿って障がい者雇用について述べていきます。

■障がい者雇用の5つのステップ

雇用についての理解を深める

・障がい者について知る
・国や地方自治体が実施する研修会や講習会に参加する

職務の選定

・企業内で「できる仕事」を探す
・仕事の細分化、職務を設計する
・受け入れ先拡大で、雇用の可能性を高める

Step 3

受け入れ準備・雇用条件の検討

・インフラ面の見直し
・職務・労働力に応じた条件設定

募集・採用活動

・ハローワークなどで紹介・合同説明会
・受け入れ方法の協議
・できること、強みに注目

御社の
ステップは…？

職場定着

・受け入れ現場の障がい者への理解を深める
・障がい者が相談できるキーパーソンの設定
・障がい者に対するマネジメント
・支援機関との連携

第2章

障がい者雇用の
理解を深めよう

なぜ障がい者雇用が
必要なのか?

そもそもなぜ、障がい者雇用は必要なのでしょう？　ここで
は障がい者雇用が必要な理由を解説します。

障がい者雇用の義務

　第1章で述べたように、障害者雇用促進法は、企業に対して、常
用雇用者数の2.2％に相当する障がい者を雇用することを義務付け
ています（障害者雇用率制度）。つまり企業には、フルタイムで雇
用している従業員45.5人につき、1人の障がい者を雇用する義務が
あるのです。

　障がい者の雇用は官公庁や地方公共団体にも課せられており、都
道府県は2.5％、教育委員会は2.4％の雇用義務を負っています
（2021年4月までに更に0.1％上がり、民間企業の場合は2.3％とな
る予定です）。

　なお、障害者雇用率の算出方法ですが、1名未満は切り捨てとな
ります。例えば、従業員210名の会社の場合、障害者雇用率2.2％
を掛けると、210×0.022＝4.6名となります。0.6名を切り捨てる
ので、この会社は4名の障がい者を雇用する義務が生じることにな
ります。

■障害者雇用率制度

民間企業	一般の民間企業（常用労働者数45.5人以上）	2.2%
公的機関	国、地方自治体	2.5%
	教育委員会	2.4%

障害者雇用納付金制度とは

　国は、法定障害者雇用率（2.2％）を達成していない企業から「障

害者雇用納付金」を徴収します。一方、法定雇用率を超えて障がい者を雇用している企業などに対しては「障害者雇用調整金」などを支給する仕組みになっています。簡単に言うと、障害者雇用率制度の未達成企業は、法定雇用率を達成していない人数分の納付金を支払わなければなりません。1か月につき、1人あたり5万円の支払いです。年間を通して1人不足している場合、5万円×12か月＝60万円の支払いとなります。

これに対して法定雇用率を超えて障がい者を雇用している企業は、「障害者雇用調整金」の申請が可能です。

障害者雇用納付金と障害者雇用調整金という2つの仕組みは、障害者雇用率制度を遵守している企業と、そうではない企業とのアンバランスを解消するためにあります。障がい者を雇用するには作業施設や設備の改善、特別の雇用管理などが必要となるケースもあり、健常者の雇用に比べて経済的負担を伴うことが多くあります。したがって、障害者雇用率制度を遵守できていない企業には相応の負担

■雇用への理解を深める

CSR活動として、企業全体が障がい者雇用への理解を深める必要がある

法令遵守⇒消極的障がい者雇用
○雇用率達成

雇用率未達成の場合
○コンプライアンス違反
○納付金（−1名につき5万円／月）の支払い

CSR⇒積極的障がい者雇用
○社会的責任達成や社員の意識向上、社会的評価の向上などが見込める
○障がい者雇用調整金の受給もある
○社員の成長や意識向上、企業文化の形成にもつながる
○地域とのつながり、商品開発などにもつながる

未達成企業（法令違反企業）へは…
○行政指導・雇い入れ計画作成命令→雇い入れ計画の適正実施勧告→特別指導→企業名公表
○企業名公表をされると企業イメージの低下や株主代表訴訟の事例…など
○平成27年より従業員100名を超える企業も納付金対象へ拡大（−1名につき4万円／月：平成27年4月〜令和2年3月までは減額措置）

をお願いしつつ、障がい者雇用を検討する企業には国からの支援という形で応援し、障がい者雇用をさらに促進させようとする考え方に基づいているのです。

ハローワークへの報告と雇用状況の発表

　企業は、毎年6月1日現在の障がい者雇用の状況をハローワークに報告しなければなりません。通称「6/1（ロクイチ）報告」と呼ばれており、各労働局ならびに各ハローワークは、この報告を基に事業所の障がい者雇用状況を把握し、雇い入れ計画の作成命令や雇用率達成指導を行います。そして、毎年11月頃に、厚生労働省や全国の労働局により障がい者の雇用状況が発表されます。インターネットでも簡単にアクセスすることができますので、確認してみてください。

未達成企業への取り組み

　障害者雇用促進法における未達成企業とは、法で定められた障害者雇用率を下回っている企業をいいます。未達成企業は法律違反を指摘された上で法令違反企業と見なされ、納付金の徴収義務が課せ

■「雇い入れ計画作成命令」の対象となる企業
6月1日現在で、次のいずれかに該当する企業が、「雇い入れ計画作成命令」の対象となります。

①障がい者の実雇用率が全国平均実雇用率未満であり、かつ、不足数が5人以上である企業

②法定雇用障害者数が3〜4人で、障がい者を1人も雇用していない（0人雇用＝実雇用率0％）企業

③不足数が10人以上の企業

られます。通常、上記3点の条件を満たす企業には、各都道府県の
ハローワークから、障がい者を雇用するための計画である「雇い入
れ計画作成命令」を命じられます。

　未達成企業のうち上記3点の対象となる企業は、通称「3か年計画」
と呼ばれる「雇い入れ計画」をハローワークに提出し、その計画に
沿って障がい者雇用を進めることになります。しかし、3年が経過
し、なおも障がい者の雇用状態が改善されず雇用する意図がうかが
えないという状況が続くと、その企業は社会的制裁として厚生労働
省より企業名を公表されることになります。

　第1章でも述べたように、平成29.30年度の公表数は0社でしたが、
27、28年度は2社、26年度8社、24,25年度は0社、23年度は3社、
22年度は6社、21年度は7社が企業名を公表されています。

　企業名を公表されると、企業イメージの低下につながります。特
に、個人顧客を対象とする業種の場合、会社のCSR活動や企業イメー
ジの低下が顧客や株主に悪いイメージを与え、業績に重大な影響が
及ぶこともあります。また、障がい者を雇用せず、法定雇用率達成
を怠ってきたことに対し、株主代表訴訟にまで発展した事例もあり
ます。このため、エンドユーザーを持つ飲食や製薬などの業種では、
法律の最低限の遵守だけではなく、SDGsやCSR活動の一環として
障がい者雇用に取り組む企業が増えています。

■「障がい者の雇用状況に改善が見られない企業」の公表数

公表年度	公表された企業数
平成21年度	7社
平成22年度	6社
平成23年度	3社
平成24年度	0社
平成25年度	0社
平成26年度	8社
平成27年度	2社
平成28年度	2社
平成29年度	0社
平成30年度	0社

障がい者に関する
基礎知識

障がい者を雇用するにあたり、障がい者について理解する必要があります。ここでは、「障がい者」の規定、障がいの種別などを解説します。

 ## 障がい者とは

　読者のみなさんは「障がい者」という言葉にどんなイメージを持っているでしょう？　まずは、「障害者基本法」の原文を確認し、企業の人事部や企業経営者が把握すべき「障がい者」の規定を確認しましょう。

> 障害のある人
> 身体障害や知的障害、精神障害のため、長期にわたって職業生活に相当の制限を受ける、または職業生活を営むことが著しく困難な者のこと。

　文章だけを見ると、何やら分かりにくいと思われる人もいると思

■障がいの種別と雇用上のカウントの仕方

	障がい者手帳の種類	重度となる階級	重度以外	雇用上のカウントの仕方
身体障がい者	身体障害者手帳（身体障害者福祉法）	1級 2級	3級 4級 5級 6級	重度：1人で2名分（短時間労働者は、1カウント）重度以外：1人で1名分（短時間労働者は0.5カウント）
知的障がい者	療育手帳（厚生労働省通知）	A	B1 B2	1人で1名分（短時間労働者は0.5カウント）※令和5年3月までの特例措置あり短時間労働者を1カウントとする
精神障がい者	精神障害者保健福祉手帳（精神保健福祉法）	1級 2級 3級 雇用制度上の区分なし		1人で1名分（短時間労働者は0.5カウント）※令和5年3月までの特例措置あり短時間労働者を1カウントとする

います。簡単に言うと、障がい者には「できないこと」や、「取り除くことができない」障がいがありますが、その他は健常者と変わらないということです。人それぞれに外見や好き嫌い、興味や大切にしたいものが異なるように、障がいもひとつの特徴だと認識することです。

　筆者の場合、個人的には「障がいがある方」と「障がいがない方」を区別はしていません。しかし、本書では主に人事採用担当者へ向けて障がい者雇用の解説を行うため、障がいのある方を「障がい者」、一般求人で雇用する方を「健常者」と表現しています。

　障害者雇用率を達成するための雇用対象となるのは、各市区町村が発行する「障害者手帳」を保持している方です。障がい者雇用の場において、障がい者は主に、身体障がい者、知的障がい者、精神障がい者などに分類されますが、このそれぞれにはどんな違いがあるのでしょうか？　以下に、「身体障がい者」「知的障がい者」「精神障がい者」「その他の障がい者」に分けて、それぞれの特徴などについて説明していきます。

●身体障がいとは

　「身体障がい」とは、先天的あるいは後天的な原因によって身体機能の一部に障がいが生じている状態、あるいはそのような障がい自体をいいます。身体障がいがある方は、身体障害者福祉法によって定められた「身体障害者手帳」を取得することができます。「車いすに乗っている方」や「足や腕に障がいがある方」など、一般的にイメージしやすい障がいです。

●知的障がいとは

　「知的障がい」とは、児童相談所、知的障害者更生相談所、精神保健福祉センター、精神保健指定医、または障害者職業センターにより「知的障がいがある」と判定された障がいをいいます。また「知的障がい者」とは、「知的機能の障がいが発達期（おおむね18歳まで）

にあらわれ、日常生活に支障が生じているため、何らかの特別の援助を必要とする状態にあるもの」（平成12年6月・厚生省「知的障害児（者）基礎調査」における定義）をさします。病状の程度が重いと判定された方の場合は「重度障がい者」となります。

　この障がいのある方は、計算やお金の管理が苦手、複雑な作業は理解しにくい、一度に多くのことを覚えることが苦手、臨機応変にとっさの判断をすることが苦手、言語理解・処理が苦手などの特徴を一つ、または複数持っています。

　なお、法令上、正式な知的障がいの定義は存在せず、厚生労働省、文部科学省によって解釈、説明が異なります。企業の雇用算定にカウントされるのは、都道府県の知事や政令指定都市の長が発行する「療育手帳」の所有者です。

　知的障がい者というと、学生時代に仲良し学級や特別支援学級（養護学校）にいた同級生などのイメージを強くお持ちの人もいると思います。自閉症などとの合併症状も多く、一律の定義は困難とされています。

●精神障がいとは

　「精神障がい」は、「精神保健及び精神障害者福祉に関する法律」第5条で、「統合失調症、精神作用物質による急性中毒またはその依存症、知的障害、精神病質その他の精神疾患を有する者」と定義されています。一般的には「気分障がい（うつ病）」「統合失調症」「てんかん」が知られています。最近では、健常者が「うつ病」と診断されるケースが増えており、「うつ」という言葉自体が非常に身近なものになってきました。

　精神障がい者が取得する「精神障害者保健福祉手帳」は、有効期間が2年間となっています。手帳の取得後に症状が改善された場合や、逆に症状が悪化して重度と診断された場合、手帳の等級は更新時に変更されます。これに対して、病状が完治して手帳を返還するケースもあります。

●その他の障がいとは

　「その他の障がい」とは、障がい程度等級（障がいのある体の部分によって等級の定義は異なります）が7級が一つのため、身体障がい者とみなされない方がこれに該当します。これ以外に、障がいとはみなされない肝臓病、難病、低身長症などの疾患や、精神障がいに至らない精神疾患、もしくは高次脳機能障がいなど、長期にわたり職業生活に相当の制限を受けたり、職業生活を営むことが著しく困難な方なども、その他の障がいに該当します。

 ## 障がい者の種別

　身体障がいの等級は、1級～7級まであります。数字が小さいほど重度の障害となり、1級、2級は重度、3～7級は軽度となります。

　また、1級～6級までの障がい者に「身体障害者手帳」が交付されるのが大きな特徴です。7級の障がいは、単独では身体障害者手帳の交付対象とはなりません。

　知的障がい者は、「療育手帳」という障害者手帳が交付され、A、B1、B2などの等級があります。療育手帳は、都道府県によって呼び名や記載が異なります。例えば東京都では、「愛の手帳」と呼んでいます。等級についても、広島県では「○A（まる　えー）」などと呼ばれています。軽度、中度、重度などと呼ぶ地域もあります。

　精神障がい者には、「精神障害者保健福祉手帳」が交付されます。1級、2級、3級と3段階に分類され、身体障害者手帳と同様に数字が小さいほど重度の判定ということになります。

短時間労働者のカウント方法

　さて、企業は常用雇用者数の2.2%に相当する障がい者を雇用することが義務付けられていると先述しましたが、平成22年の法改正で、週所定労働時間が20時間以上30時間未満の短時間労働者も、

障害者雇用率制度の対象となっています。20時間以上30時間未満という短時間労働のポイント算定は、「重度以外の障がい者を雇用した場合は0.5ポイント」「重度の身体障がい者や知的障がい者を雇用した場合は1ポイント」となります。パートやアルバイトなど短時間労働者を多く雇用している企業は、障がい者を短時間労働者として雇用し、目標を達成しているケースも数多くあります。

■短時間労働の障がい者雇用

週に20時間以上30時間未満という短時間労働で障がい者を雇用した場合のポイント算定方法は以下の通りです。

①短時間労働者として重度以外の障がい者を雇用した場合は0.5ポイント

②短時間労働者として重度の身体、知的障害手帳を持つ方を雇用した場合は1ポイント

■障害者雇用率のカウント方法

障がいの種類	障がいの程度	週30時間以上勤務の常用雇用者	週20時間以上30時間未満勤務の短時間労働者
身体障がい	重度	2人	1人
	重度以外	1人	0.5人
知的障がい	重度	2人	1人
	重度以外	1人	0.5人
精神障がい	重度	1人	0.5人（1名：令和5年3月までの特例措置にて、短時間労働者を1カウントとする）
	重度以外		

例：重度身体障がいの常用雇用者1名と軽度精神障がい者の短時間労働者を2名雇用した場合。
重度身体障がいの常用労働者→1人につき2名としてカウント。
軽度精神障がい者の短時間労働者→1人につき0.5名としてカウント。
2+0.5+0.5＝3名
この場合、雇用上は3名分としてカウントできる。

🌱 換算方法の注意点

　雇用率の換算方法についての注意点です。例えば、身体障がい者と知的障がい者に限っては、重度判定の障がい者を採用すると「ダ

ブルカウント」となり、1人の雇用が2人分としてカウントされます。精神障がいの場合は、1級の重度障がい者を雇用してもダブルカウントにはなりません。障がい者が保持している障害者手帳によってカウントの方法が異なりますので、この違いは知っておいてください。

　加えて、障害者手帳を持たない方の場合は、企業の障害者雇用率の算定ポイント対象にならないので注意が必要です。

　障がい者本人の意思で障害者手帳の申請を行わず、手帳を所持しないというケースや、何らかの理由で障害者手帳を返還するというケースもあります。障害者手帳の所有者のみが障害者雇用率の算定ポイントとして加算されますので、雇用の際に必ず障害者手帳を所持しているか否かの確認が必要です。

　身体障がい者判定7級を1つしか受けていない方の場合も、企業の障害者雇用率の算定ポイント対象からは外れます。身体障がい者の判定基準は1〜7級まであり、1〜6級の手帳までが企業の法定雇用率の算定対象になります。7級の単一では障害者手帳の発行はされず、障害者雇用率の算定対象にもなりませんので注意してください。

　ただし、7級に該当する障がいが2つ以上重複する場合は、障害者手帳が発行される場合もあるので、雇用の際には障がいの級数だけで判断せず、手帳の有無による判断が必要です。

　精神障がいにおいては、短時間労働では本来0.5カウントでしたが、特例措置として、令和5年3月末までは、1カウントとなります。

　ただし、条件としては、①かつ②を満たす必要があります。

　精神障害者である短時間労働者で、

①雇入れから3年以内の方、または精神障害者保健福祉手帳取得から3年以内の方

かつ、

②令和5年3月31日までに、雇い入れられ、精神障害者保健福祉手帳を取得した方です。

※上記の条件を満たしていても対象にならない場合もあります。詳
　細は、ハローワークにお尋ねください。
　特例措置は、令和5年3月末までで終了するか、それ以降も継続す
るかについては、効果等を踏まえた上で検討することとしています。

🌱 国内の障がい者

　国内には現在、人口の7.6％にあたる約964万人の障がい者がお
り、過去10年間で約30％増えています（令和元年度版障害者白書
より）。支援の現場で筆者が感じているのは、「障害者手帳を取得し、
就職活動を経て障がい者雇用枠で就職したい」という方が増えてき
ているということです。こうした意識の背景には、雇用情勢の変化
はもちろん、障がい者雇用に対する社会的理解が深まったことが大
きく影響していると思われます。その結果、「自分も障害者手帳を
取得して障がい者雇用枠で企業に就職したい」という主体的な障が
い者が増えてきているのだと実感しています。

■国内の障がい児・障がい者の状況　障がい者数（推計）

（単位：万人）

		総数	在宅者	施設入居者
身体障がい児・者	18歳未満	7.1	6.8	0.3
	18歳以上	419.4	412.5	6.9
	年齢不詳	9.3	9.3	0
	合計	436.0	428.7	7.3
知的障がい児・者	18歳未満	22.1	21.4	0.7
	18歳以上	84.2	72.9	11.3
	年齢不詳	1.8	1.8	0
	合計	108.2	96.2	12.0

		総数	外来患者	入院患者
精神障がい者	20歳未満	27.6	27.3	0.3
	20歳以上	391.6	361.8	29.8
	年齢不詳	0.7	0.7	0
	合計	419.3	389.1	30.2

内閣府共生社会政策　令和元年版障害者白書より

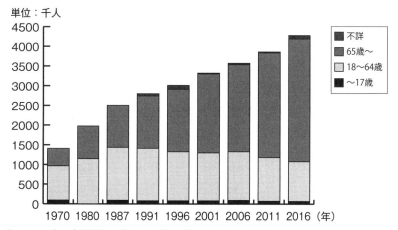

■年齢階層別障害者数の推移（身体障害児・者（在宅））

単位：千人

凡例：
- 不詳
- 65歳〜
- 18〜64歳
- 〜17歳

注1：1980年は身体障害児（0〜17歳）に係る調査を行っていない。
注2：四捨五入で人数を出しているため、合計が一致しない場合がある。
資料：厚生労働省「身体障害児・者実態調査」（〜2006年）、厚生労働省「生活のしづらさなどに関する調査」（2011・2016年）

■年齢階層別障害者数の推移（精神障害者・外来）

単位：万人

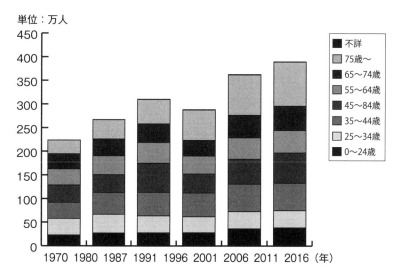

凡例：
- 不詳
- 75歳〜
- 65〜74歳
- 55〜64歳
- 45〜84歳
- 35〜44歳
- 25〜34歳
- 0〜24歳

注1：2011年の調査では宮城県の一部と福島県を除いている。
注2：四捨五入で人数を出しているため、合計が一致しない場合がある。
資料：厚生労働省「患者調査」（2017年）より厚生労働省社会・援護局障害保健福祉部で作成

年齢別の実態を知る

障がい者の年齢別の実態はどうなっているのでしょうか？
ここではその実態を確認し、どのように障がい者の方の求人
を行うべきかを解説します。

🌱 障がい者雇用の年齢別実態を見てみよう

　障がい者の求人募集を実施すると、高齢者からの応募が多くなることを知っておいてください。年齢別に見ると、平成30年のデータでは、50代、60代以上の応募が30％を超えています。日本は現在総人口の4人に1人、つまり28％以上が高齢者（令和2年度現在）という超高齢社会であり、障がい者においても高齢者が多いという現実があります。

　就職を果たした障がい者を年齢別に見ると、障がいごとに年齢のボリュームゾーンに特徴があることがわかります。

●身体障がい者は5割以上が50代以上

　身体障がい者は全障がい者の中で最も多く、民間企業での就業数は約35万人です。中には、社会に出てから中途障がいになった方もいます。

●知的障がい者は約4割が20代

　知的障がい者は、特別支援学校などを経ての求職者が多いのが特徴で、就労中の全知的障がい者中、約4割を20代の若者が占めています。したがって、長期間勤め続けるための教育や、支援機関と連携して知的障がい者の定着を図りましょう。

●精神障がい者は30代後半〜 50代前半が約6割

　精神障がいの発症年齢は10 〜 30代が最も多く、精神障がい者全

体の60％以上といわれています。就業実態で見てみると、40代が約3割と最も多いのが特徴です。また、新規就職者数の伸び率が最も高いのも精神障がい者です。

　筆者は、企業の人事担当者から「若くて電話応対とパソコンができる人の紹介をお願いします」などという具体的な人材についてのオーダーを受けることがあります。そのような場合は「そんな人は、まずいません」と即答します。企業が求める「即戦力＝若くて仕事がバリバリできる人」というのは、どこの企業だって欲しいに決まっています。

　バリバリ働ける障がい者は現在、引く手あまたです。このような方は、簡単に就職が決まるどころか、いろいろな会社からすぐに声がかかる状況だということを心得ておいてください。

■障がい者雇用のマーケットを知る

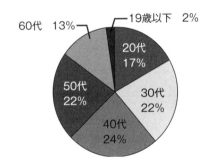

様々な年齢の障がい者が就業している。
障がい別では、
●身体障がい者は5割以上が50歳以上
●知的障がい者は約4割が20歳代
●精神障がい者は30歳後半～50代前半が約6割（発達障がい者を含む）

平成30年度障害者雇用実態調査より作成

 ## 年齢層を広げる

　障がい者を対象に求人を行う際は、採用の年齢幅を広く取ることが効果的です。企業の本音は「年齢が若い方を採用したい」ということだと思いますが、障がい者は総人口の約7.6％しかいないのです。その中でも、若い障がい者や即戦力となりうる人材は引く手あまたです。求人を募集しても若者の応募がない場合は、募集要項の年齢層を広げることをおすすめします。

企業で働いている障がい者の部署別データを知る

ここでは、現在企業で働いている障がい者は、どのような職種で働いているのかを紹介します。また、障がい者への職務のつくり方なども解説します。

障がい者の雇用状況

　ここでは、実際に障がい者が企業に従事している職種を紹介します。まずは、障がい者の就業職種のグラフをご覧ください。

　作業職（製造や検査、物流）が全体の約33%を占めています。

■障がい者の就業職種

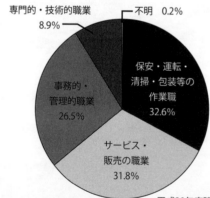

専門的・技術的職業 8.9%
不明 0.2%
保安・運転・清掃・包装等の作業職 32.6%
事務的・管理的職業 26.5%
サービス・販売の職業 31.8%

平成30年度障害者雇用実態調査より分類して作成

作業職
知的・精神障がい者が力を発揮する場合も多く、人気がある職種。
実習やインターンシップなども多く利用される。

事務職
事務処理能力が、どの程度まで必要か明確化が必要。

技術職
雇用数は少ない。健常者と同じスペックを求めても少数しかいない。

知的障がい者は工場のラインで働いているなどのイメージがありませんか？　実は、障がい者雇用の現場では、工場のラインなど、作業職員を必要とする職場で多くの実績があげられています。工場や店舗を持っている企業の中には、インターンシップや職場体験の受け入れ、職場実習を行って、知的障がい者や精神障がい者を雇用することに慣れている企業も多くあります。

　次に多いのは、事務職（事務や営業など）です。こちらも、障がい者の就職先として雇用が増えている職種でもあります。特に、法の改正などによって、新たに障がい者を雇用する義務が生じた企業からのオーダーが多くあります。店舗や工場、倉庫などのハード施設を持たない企業は、雇用職種として事務職での採用・雇用が多くなります。

　事務職として障がい者を雇用する際のポイントは、「事務能力をどの程度まで求めるか」という点にあります。事務と言っても「営業事務」「経理事務」「庶務」など多くの仕事があります。その中で、何ができて、何ができないのかを判断する必要があります。

🌱 具体的にどんな仕事を担当してもらえばよいか？

　例えば、具体的な能力として、その仕事に電話応対は必須でしょうか？　電話応対を外すことができる職場であれば、募集欄に電話応対の項目を書く際、「応相談」と書いてはどうでしょう？　そうすれば、聴覚障がい者で「電話応対がなければ、事務には自信がある！」「外線電話は自信がないので、外線電話の応対を外してほしい。その代わり、内線程度なら大丈夫です！」という方も応募しやすくなります。加えて、知的障がい、精神障がい、発達障がい者など「職務から電話応対を外す配慮」が必要な方も同様に応募しやすくなります。

　応募者に求めるスペックを可能な限り低く設定すれば、当然、障がい者が応募しやすくなり、求人に対する応募者数も多くなります。

電話応対もパソコンも臨機応変な対応も「なんでもできる」能力の高い人材がいれば良いのですが、そういった人材は希少です。障がい者は「できないこと」があるため、「できないこと」は職務から取り除き、「できること」で職務設計することが最大のポイントになります。

　面接の際に障がい者の「できること」と「できないこと」を把握し、さらに「どの程度できるか」をしっかり見極めることが採用の秘訣です。

🌱 専門職・技術職の現状

　専門職・技術職を希望する障がい者は、全体の9％程度と少数です。筆者もIT企業からシステムエンジニアやプログラマーの求人をいただきますが、各企業の要件を満たす障がい者は多くありません。

　そのため、募集要項で高いスペックを求めると応募数が非常に少なくなります。健常者に対する求人と同様に、求人募集をしても応募者が集まらない場合は、受け入れの職種を広げてみることをおすすめします。

🌱 うつ病などになりやすい職種

　うつ病をはじめとする精神疾患が多くみられる職種が2つあります。1つがシステムエンジニアやプログラマーなどの技術専門職です。業務量や残業も多く、納期に追われるなどの要因が重なってしまうため、うつ病などを発症する確率が高いのです。

　もう1つの職種が看護師、保育士、教師、ソーシャルワーカーなどの対人援助職です。対人援助職は、相手に合わせて感情を抑制し、温かく対応する「感情労働」を特徴とする職種です。そのため、仕事を行う限り精神的負担やストレスから解放されず、いつしか燃え尽きてしまう人も少なからずいます。

技術専門職や対人援助職として障がい者を採用する場合は、まず残業なしの仕事や、短時間労働から少しずつ慣れさせるなどの時間的配慮をして、本人に負担をかけない配慮をすることが有効です。

障がい者への職務の作り方

工場や店舗などの施設や設備を持っている企業は、その施設や設備を活かし、障がい者が働きやすい職務を用意することが可能です。軽作業、製造、清掃、警備など、いろいろな可能性があります。

一方、工場や店舗などの施設を持たない企業、業種であっても「事務職しか用意できない」と嘆く必要はありません。事務職として一括している仕事を細分化してみると、障がい者に任せられる業務を作り出すことができます。ほかにも営業や、専門職などを細分化し、職務が設計できないかどうかを検討してみてください。

38ページ「障がい者の就業職種」のグラフを見れば、いろいろな職種で障がい者が働いていることがわかります。社内でもさまざまな業務が作れないか、職務の設計ができないか見直してみましょう。

間接部門・人事部門での雇用から始める

初めて障がい者を採用する企業に提案したいのは、社内の「間接部門」からの雇用です。まずは、人事部門がフォローできる範囲で障がい者を雇用してみてください。人事部門の目の届くところで雇い入れて一緒に時間を過ごすことで、受け入れる障がい者の「できること」「できないこと」など、特徴の見極めが行えます。その上で、社内で受け入れ可能な現場の状況や反応も確認し、障がい者と受け入れ現場をマッチングすることで、双方へのフォローが可能となります。

これによって、障がい者を受け入れる各部門の不安や不満も解消

することができ、障がい者の雇用そのものが現場社員の育成、風土作りに役立ちます。そして障がい者と受け入れ現場がうまくマッチすれば、障がい者のキャリア開発も可能となるのです。

以上のように、人事部門が最初に障がい者を雇用することは、社内の障がい者雇用に対する理解度を大きく前進させます。社内全体で障がい者雇用を推進する場合の最良の一歩となるでしょう。

🌱 社内対応に限定する

障がい者に任せる職務の内容は、まず社外対応よりも社内対応に限定したほうがフォローしやすいケースがあります。同じ事務職でも、営業事務のような社外の顧客に接する仕事はひとまず避け、社内の経理、総務、人事、購買など、社員に接する仕事を先に任せてみましょう。職務の範囲が社内の人間関係に限定されれば、万が一のエラーやトラブルが発生した場合のフォローがしやすいのは明らかで、障がい者のスキルアップも無理のない自然な形で進めることが可能です。

最初は社内対応から障がい者の職務を用意し、業務や会社に慣れてから社外対応へと職務を拡大するのが最良のステップとなります。

第3章

障がいの種類と
特性について知ろう

障がいとは何か?

「障がい」とはいったいどういうものなのでしょうか？　ここでは「障がい」の種類や分類の仕方などについて解説します。

🌱 障がいについて把握する

　本書ではこれまで、障がい者の雇用状況や年齢別の雇用実態などについてお伝えしてきました。一般に「障がい」と言っても、さまざまな症状や特徴があります。そこで、本章では障がいについての全体像と、代表的な障がいについて説明します。

　障がいの様態は一人ひとり違います。このステップでは、専門的な解説はなるべく避け、大まかにわかりやすく説明していきます。全体像や概略を把握すれば、一人ひとりの障がいやその様態のイメージを理解しやすくなります。

🌱 障害者手帳による分類

　障がいの種類を分ける大まかな基準として、以下に示す3つの障害者手帳があります。

　①身体障害者手帳（身体障がい）、②療育手帳（知的障がい）、そして③精神障害者保健福祉手帳（精神障がい）です。加えて、発達障がいや高次脳機能障がいなど「その他の障がい」があります。発達障がいで障害者手帳を持持する場合は、発達障害者手帳というものは存在しません。そこで、主に知的な遅れがある場合は療育手帳、知的な遅れがない場合は精神障害者保健福祉手帳を申請し、保持することになります。高次脳機能障がいで障害者手帳を申請する場合は、身体障害者手帳か精神障害者保健福祉手帳のどちらかを持つことになります。

その他の障がいとは

　「その他の障がい」とは、具体的にどのような症状が当てはまるのでしょうか？　それは身体障がい者でも障がい程度が軽度（7級）のため、身体障害者手帳の取得に至らない方、障がいに該当しない肝臓病、難病、低身長症などの疾患や、精神障がいには至らない精神疾患などで、長期に亘り職業生活に制限を受けたり、職業生活を営むことが著しく困難な方が該当します。

■障がいの種類

身体障がい	肢体不自由	体幹機能障がい	脊椎損傷（頸椎・胸椎・腰椎） 二分脊椎
		運動障がい	脳性麻痺 軟骨異栄養症（軟骨無形成症・軟骨低形成症） 骨形成不全
	内部障がい	心臓機能障がい 腎臓機能障がい 呼吸器機能障がい 膀胱または直腸機能障がい 小腸機能障がい 免疫機能障がい 肝臓機能障がい	
	聴覚障がい		
	視覚障がい		
	平衡機能障がい		
	音声機能・言語機能障がい		
	そしゃく嚥下・機能障がい		
知的障がい			
精神障がい	統合失調症		
	気分障がい		
	てんかん		
発達障がい	自閉症スペクトラム障がい		
	学習障がい		
	注意欠陥多動性障がい		

身体障がいとは何か?

ここからは各障がいについて解説していきます。それではまず、身体障がいについて理解を深めましょう。

🌱 肢体不自由

　肢体不自由に該当するのは、手足や体幹に障がいがあり、麻痺がある方、切断された方などです。雇用されている身体障がい者全体のうちで最も多い42.0%を占めています（平成30年障害者雇用実態調査）。これを大きく分類すると、体幹機能障がいと運動障がいに分けられ、いずれも運動機能に障がいがあります。

■雇用されている身体障がい者の種別

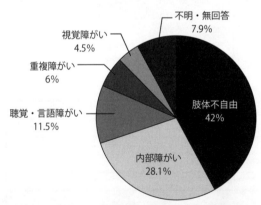

不明・無回答
7.9%

視覚障がい
4.5%

重複障がい
6%

聴覚・言語障がい
11.5%

肢体不自由
42%

内部障がい
28.1%

平成30年　障害者雇用実態調査より

肢体不自由な方に共通する配慮事項

①職場環境の見直し

　車いすの方や義手・義足を使っている方を雇用する際は、自社のトイレが使えるか？　段差はないか？　ドアの開け閉めはできるか？　などを配慮し、通路や設備の確認をすることが必要です。自動車による通勤が必要な場合は駐車場の確保も必要です。もし、スロープや手すりを設置したり、トイレを改築する必要がある場合は、助成金（巻末資料を参照）を活用できるので、参考にしてください。また、車いすの方は長時間座っていると床ずれができるため、定期的に休憩をとる必要がある場合もあります。

②定期的な通院への配慮

　排泄の感覚に障がいがある方は、膀胱炎、尿路感染症などにかかりやすく、定期的な通院が必要になります。

③部屋の温度調整への配慮

　脊椎損傷は発汗機能の障がいがあり、体温調整が難しい場合は部屋の温度調整が必要です。

④排泄・排尿への配慮

　脊髄損傷・二分脊椎では、尿収器や導尿カテーテル（ゴム管）を使用しなければならない方もいます。トイレや休憩に多くの時間を必要とするため、時間的な配慮も必要となります。尿漏れを起こすことも少なくありません。

●体幹機能障がい

　体幹機能障がい者とは、脊髄損傷や、二分脊椎などの症状を持った方をいいます。身近な例では、脊髄の損傷は車いすの方が外見からわかりやすく、イメージしやすいのではないでしょうか？

　とは言っても、車いすが必要な障がいの種類は本当にさまざまです。

　例えば、「パラリンピック」という障がい者のオリンピックをご

存知だと思います。そこでは車いすを操る障がいのある競技者が、バスケットボールやマラソンなどの競技をします。競技者の上半身は筋肉隆々で、体を激しくぶつけ合うコンタクトスポーツをしたり、42.195キロのマラソンをしています。「車いすに乗っている障がい者」と一つに括っても、本当にさまざまですので、是非、一人ひとりの状態を把握してください。

　脊髄損傷は頸椎、胸椎、腰椎での損傷などに分かれますが、どの部位を損傷しているかによって運動能力に差異があります。一般的には、頭や頸椎に近い部分を損傷するほど「できること」が少なくなり、これに対して、損傷した部分が胸部や腰部へと下がるほど運動能力が残される傾向があります。

　頸椎損傷ではさらに上半身の麻痺が加わり、手作業を行う場合、補助具が必要となることがあります。胸椎損傷では体幹の麻痺が加わり、姿勢保持が困難となったり、腰椎損傷では下肢の麻痺により歩行が困難になります。

　さらに、頸椎を損傷すると、体温を調整することが困難になった

■体幹機能障がいの特性と支援

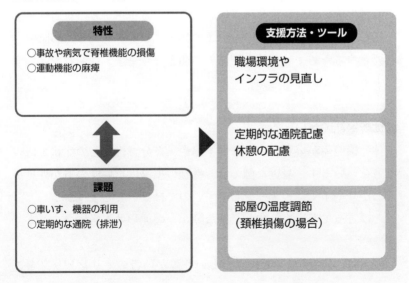

り、排便や排尿も困難になり、左手だけは使えないが下半身は機能するというケースもあります。

また、生まれつきや、幼少期以前に脳に損傷を受けたために起こる脳性麻痺による障がい者が、運動発達の障がいのために、車いすを使用しているケースもあります。

なお、義手、義足を使用している場合も肢体不自由に入ります。

●運動障がい

運動障がいには、脳出血、脳梗塞や脳性麻痺によるもの、軟骨異栄養症によるもの、骨形成不全によるもの、およびパーキンソン病や進行性筋ジストロフィー症などがあります。

脳出血や脳梗塞による機能障がいは、脳の損傷部位に応じて、右半身または左半身の麻痺、感覚の低下やしびれ、視野障がい、飲みこみの障がい、呂律がまわらないなどさまざまです。発声や発音がスムーズにできない失語、ものごとを思い出したり覚えたりすることができない記憶障がいや、手先や足先がしびれるなど、知覚に障

■運動障がいの特性と支援

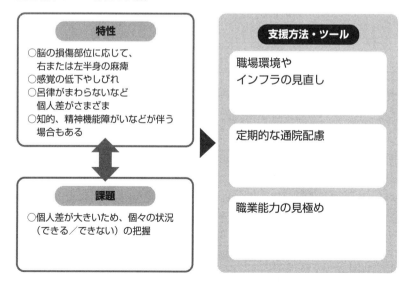

特性

○脳の損傷部位に応じて、右または左半身の麻痺
○感覚の低下やしびれ
○呂律がまわらないなど個人差がさまざま
○知的、精神機能障がいなどが伴う場合もある

課題

○個人差が大きいため、個々の状況（できる／できない）の把握

支援方法・ツール

職場環境やインフラの見直し

定期的な通院配慮

職業能力の見極め

がいがある方もいます。

　脳性麻痺は、人によっては知的障がいやてんかん、視覚障がいや言語障がいを引き起こすこともあります。さらに、成長とともに四肢の変形や頸椎症などの二次的合併症を生じることもあります。

　なお、脳性麻痺は、症状によって体幹障がいと認定される場合があります。脳性麻痺などによって運動機能に障がいがある場合は、運動障がいと認定されるケースもあります。

②内部障がい

　内部障がいには、心臓障がい、腎臓障がい、呼吸器障がい、膀胱・直腸障がい、小腸障がい、免疫機能障がい、肝臓障がいの7つがあります。

　31ページで述べたように、身体障がいの等級は1〜7級までであり、その判定は医学的な基準で成り立っていますが、仕事を行う能力と

■内部障がいの特性と支援

特性
○心臓、腎臓、呼吸器、膀胱または直腸、小腸、ヒト免疫不全ウイルス、肝臓の7種
○中途障がいも多い
○医学的な基準で成り立つ障がい者等級が業務能力と必ず一致するとは限らない
例）ペースメーカーなどの人工臓器をつけた際の取得手帳は、1級の重度判定。だが、肉体労働を除いた事務職であれば、健常者と変わらず業務を行うことができる人もいる

課題
○体力や運動能力の低下
○自己管理が必要
○外見で分かりづらい

支援方法・ツール

通勤時間、勤務時間の配慮
定期的通院の確保

肉体労働を控える

留意事項の確認
（本人、専門医と）

は必ずしも一致していません。外見からは、障がいがあるとわかりにくく、したがって、各人の状況や配慮事項を細かく把握する必要があります。

　例えば、心臓ペースメーカーをご存知でしょうか？　ペースメーカーは、主に不整脈に用いられます。心臓の鼓動が途切れたり、一定以上の間隔を超えてしまったりすると、人工的に電気刺激を心臓に送り、心臓が正常なリズムで鼓動することを助ける装置です。心臓ペースメーカーなど人工臓器をつけた際の障害者手帳は、1級、3級、4級です。平成26年4月に身体障害者手帳の交付の認定基準が改正されていますが、それ以前に診断書・意見書を作成している障がい者は、1級（重度）と判定されている場合があります。しかし、心臓ペースメーカーをつけていても、事務職などに従事する場合は、健常者と変わらず勤務できるケースが多く、外見からは障がい者であることは伺えません。

　また、腎臓機能障がいでも、人工透析治療を受けながら働いている1級判定の障がい者がいます。この場合も障害者手帳の判定は重度ですが、通院などの配慮事項を守れば、健常者と同じパフォーマンスを発揮できます。

内部障がい者共通の配慮事項

①体力、運動能力の低下への配慮

　心臓ペースメーカーの装着や、小腸の障がいは見た目ではわかりにくいので、健常者と変わらないと感じる方も多くいます。しかし、体力や運動能力が低下していますので配慮が必要です。例えば、肉体労働を避けることはもちろん、風邪や疲れで体調を崩しやすいので体調管理を気遣う必要があります。また、食事の制限が必要な方もいます。

②通院時間の配慮

　定期的な通院が必要な場合は、通院の頻度や時間を把握する必要

があります。年に1回や月に1回の検査の方もいれば、週1回の通院が必要な方などさまざまです。特に、人工透析治療は、週3回の通院をする方もいます。本人に承諾をいただいた上で、かかりつけの主治医や病院の情報も把握しておくといいでしょう。

●心臓機能障がい

　全身に必要な血液を送り出すポンプの役割を果たす心臓の機能に障がいがあり、そのため、日常の生活活動が制限されています。不整脈、狭心症・心筋梗塞（虚血性心疾患）、心筋症などは心臓機能障がいの代表的な疾患です。心臓ペースメーカーや人工弁を利用している方もいます。

＜心臓機能障がいの方への配慮事項＞
①ペースメーカーを利用している場合

　心臓ペースメーカーは、体外からの強い電磁波や磁力によって誤作動を起こす場合があります。これを防ぐために、電磁波の発生する家庭電器製品、医療機器（「MRI(磁気共鳴画像)検査」など）、工業用機器に近づかないように配慮することが必要です。

②心臓に負担がかかる仕事を避ける

　心臓機能障がいがある方は、疲れやすい、呼吸が苦しい、手足がむくむ、吐き気がする、胸が締め付けられる、圧迫感がある、顔色が悪くなるなどの症状が続きます。そのため、仕事中は健康状態を観察する必要があります。したがって、移動が多い業務、時間に追われる業務、重たい荷物を持ったり運んだりという作業、あるいは夜勤や長時間労働など負担のかかる状況は避けてください。

　そのほかに、通勤ラッシュが負担になるためにこれを避けたいという方、体力を考慮して短時間労働を希望する方もいます。

　定期的な検査、通院も必要なため、体調などを考慮して安心して休暇がとれるように配慮します。

●腎臓機能障がい

　腎臓は腰の上部のあたりに左右対称に2個あり、血液を濾過して生じる老廃物や余分な水分から尿を作る重要な臓器です。病気や外傷によって臓器の機能が通常の25〜30％以下に低下すると腎不全となり、10％以下になると人工透析療法や腎臓移植療法が必要になります。

　透析療法とは、血液を浄化して腎機能を代行する治療法です。また、腎臓移植では免疫抑制剤を服用するため、感染症にかかりやすくなりますが、腎臓の機能自体は移植により回復します。

＜腎臓機能障がいの方への配慮事項＞
①風邪や感染症などによる腎臓病悪化を防ぐ

　外見ではわかりにくいのですが、免疫力が低下しているため、重労働を避け、風邪などの感染症や体調管理に気をつけます。特に、風邪をひくと体内の水分が失われ、血尿が出るなど、病状がさらに悪化する場合もあります。

　職場環境面では、本人に空調が直接当たらないようにする、休憩をこまめにとるなど体調面の配慮が必要です。
②人工透析を行っている場合

　人工透析は定期的な通院が必要なため、まず時間の確保をします。具体的には、週2〜3回通院し、1回あたり4〜5時間拘束されるため、早退、短時間労働、シフト調整など、勤務時間への配慮が必要です。

●呼吸器機能障がい

　呼吸器機能に障がいがある方は、肺や気管支などに障がいがあり、肺活量が低下したり、呼吸が困難になる場合があります。この病の原因となる疾患に、肺気腫、気管支喘息、慢性気管支炎、肺結核後遺症などがあります。治療法として、鼻などにチューブをつけて肺に直接酸素を送る治療を受ける（酸素療法）など、定期的な通院が

必要です。筆者の部下も毎月2回の定期通院をしていますが、本人の体力の範囲内で仕事をすれば、事務職以外にも幅広い職種で働くことが可能です。

<呼吸器機能障がいの方への配慮事項>

①肉体労働は避ける

呼吸機能に困難が生じやすいため、重い物を持つ、歩き回るなどの肉体労働はさせないようにしましょう。

②環境整備を行う

職場においては、室内の急激な温度変化や乾燥は呼吸器へのダメージとなります。そのため、冷房が直接当たらない席に配置する必要があるほか、匂いや煙も呼吸器への負担となるため、禁煙・分煙にするなどの配慮が必要です。

工場などでは、排気ガスや煙、刺激性のあるガスなども呼吸器にとって大きなダメージとなるため、できるだけ避けてください。インフルエンザに罹ったり風邪をひいてしまうと、肺炎にも罹患しやすいので注意が必要です。

●膀胱または直腸機能障がい

膀胱や大腸の病気などによって、自分で排尿や排便ができないなどの機能低下や障がいがあります。摘出や部分切除の手術をしていて肛門から排泄できない場合は、人工肛門をつけている方もいます。

人工肛門や人工膀胱は「ストマ」と言い、大腸がんやクローン病、

■オストメイトマーク

先天性の二分脊椎などの疾患で必要とされています。ストマをつけた方を「オストメイト」といいます。最近は街でも、トイレの入り口に多機能トイレを表す「オストメイトマーク」が見られるようになってきています。

＜膀胱または直腸機能障がいの方への配慮事項＞
①ストマ管理のための定期的な通院を認める
　病気の経過観察やストマ管理のために、定期的な通院が可能な時間的配慮が必要です。
②排泄面に対する配慮
　トイレの回数とその所要時間に対してはもちろん、心理面への配慮も必要になります。ストマを他人に見られることによって羞恥心を覚えるケースが数多くあります。

●小腸機能障がい
　この疾患は、栄養を吸収する小腸の切除や病気による機能低下により、経口による栄養摂取が困難な障がいです。生きていくために必要な栄養素を静脈から補充したり、鼻や腹部から直接チューブを通して栄養補給をする方もいます。

＜小腸機能障がいの方への配慮事項＞
①高熱・高温な職場環境、肉体労働などは避ける
　この疾患がある方が発汗すると、電解質バランスに異常が生じ、脱水症状になりやすいため、高温多湿な職場環境はもちろん、肉体労働なども避けてください。
②食事制限などに対する配慮
　食事の制限や、栄養補給のために必要な時間を確保しましょう。風邪などの感染症で体調を一気に崩すケースも多く、配慮が必要です。

●ヒト免疫不全ウイルスによる免疫機能障がい

　ヒト免疫不全ウイルスは、HIV（Human Immunodeficiency Virus）とも呼ばれます。数年〜数十年かけて体内の免疫細胞（CD4細胞）を破壊するため、徐々に身体の免疫機能が弱まり、病気や感染症にかかりやすくなります。通常の免疫力があれば発症しないような病原体に感染し、「エイズ指標疾患」に認められると「AIDS」と診断されます。 HIVのキャリアというだけではAIDSとは診断されず、障害者手帳も取得できません。

　個人差はありますが、定期的な通院と服薬できちんと治療を行えば日常生活に支障はありません。健康管理ができれば特別の配慮なく仕事をこなすことのできる方もいますので、幅広い業務で活躍することができます。また、医学の進歩により、服薬回数も大幅に減ってきています。

　主な感染経路は、「性的感染」「血液感染」「母子感染」の3つで、日本では9割が性的感染と言われます。HIVキャリアの傷口や血液、分泌物に触れない限り、通常の生活では他者に感染することはほぼありません。

＜免疫機能障がいの人への配慮事項＞
①情報の取り扱いと社員教育の徹底

　HIVに対する誤解や先入観を防ぐために、正確な知識や情報を社内で共有し理解を促しましょう。また、採用時や入社後も、本人の意思に反した検査や、職務上の必要性や理由のない情報収集などを行わないようにします。他の障がい同様に、障がい開示範囲をどこまで設定するか、本人の許可が必要です（参考：職場におけるエイズ問題に関するガイドライン　平成7年2月20日付け：労働省　労働基準局長　職業安定局長通達）。

②安全への配慮

　HIVに限らず、もし職場で出血した場合は、使い捨てのビニール手袋やゴム手袋を着け、場合によってはマスクを着用し、傷口や血

液、分泌物に直接触れないように止血を行います。HIV以外にも、肝炎ウィルスなどは血液を介して感染することもあります。職場のすべての人員を守るために、事故発生時に徹底してください。万が一の事故発生に備え、事業所には救急用具一式と一緒に手袋やマスクなどを常備し、手当に関する知識を社員に教育しておくことが必要です。

●肝臓機能障がい

　肝臓機能障がいは、平成22年4月から新たに内部障がい疾患に追加されたため、手帳保持者は身体障がい者として障害者雇用率制度の対象となっています。

　肝臓は、「体内の化学工場」あるいは「沈黙の臓器」などと呼ばれ、代謝、有害物の解毒、消化、またアルコールの分解も行う重要な臓器です。肝臓機能が低下すると、身体のだるさや、疲れやすさ、腹水、黄疸などを引き起こします。肝臓が再生不能となる肝硬変の方や、肝不全による肝臓移植を受け抗免疫療法中の方が障害者手帳を取得しています。

＜肝臓機能障がいの人への配慮事項＞
①健康管理への配慮

　自覚症状がなければ、特段の配慮を必要とせずに仕事ができますが、肝機能の悪化を避けるため、重労働やストレスは避けます。食後は身体を横にして、血流を良くする必要のある方もいます。また、免疫抑制剤を使う方は感染症にかかりやすく、健康管理が大切です。

②安全配慮と社員教育の徹底

　HIVと同様、ウイルス性肝炎は通常の職業生活で感染することはありません。ただし、出血を伴う事故やケガが発生した際は血液や体液に触れないように注意するなど、社員に対する衛生管理の教育が必要です。

聴覚障がい

　聴覚障がいとは、聴覚つまり耳の障がいです。そのため、言語機能にも併せて障がいがあるケースが多くあります。

　聴覚障がいは、「目に見えない障がい」の一つです。「手話は必要ですか？」という内容の質問が企業からよくありますが、「聴覚障がい者＝手話が必要」では必ずしもありません。社内では、筆談と口話で確実に意思の疎通が図れます。また、最近ではPCなどをうまく使ってコミュニケーションを図るケースも増えています。

　聴覚障がい者が活躍しやすい職種は、人と接する仕事、物と向き合う仕事、データ管理、アイデアを必要とする仕事など幅広く、事務職、営業職、受付、企画、軽作業など数多くあります。例えば、完全に耳が聞こえない方は、印刷工場の裁断やプレス加工など周囲の音が大きな環境でも、音に惑わされず集中できるのです。これは障がいという個性を強みに変えて職務に活かす好例です。

　生まれつき耳の不自由な「先天性聴覚障がい」と、生後に病気や

■聴覚障がいの特性と支援

特性
- ○聴力、言語の障がい
- ○聴力損失の年齢、原因、教育により手話しかできない、口話ができるなど個人によってコミュニケーション方法がさまざま

課題
- ○コミュニケーションの取り方
- ○正しい情報の伝え方
- ○適合職種が多い反面、離職率が高い

支援方法・ツール

意志疎通の確認
面談、連絡帳の活用

回転灯、警告灯の設置

集中配置と分散配置の使い分け

事故などで耳が不自由になった「後天性聴覚障がい」の違い、また聴力を失った年齢、原因、育った環境、教育の違いによってコミュニケーションの方法は異なります。

　例えば、後天的な聴覚障がいの場合、わずかに残った聴力で会話を聞き取り、発音もできるケースがあるのです。

　聴覚障がい者の外見は健常者そのものです。特に軽度の聴覚障がい者の場合、外見や様子から健常者と判断されることが多く、職務上の大切な場面でコミュニケーションのエラーにつながることがあります。たとえ軽度の聴覚障がい者であっても、配慮を忘れてしまうことのないよう注意が必要です。

🌱 聴覚障がい者共通の配慮事項

　聴覚障がいは「情報障がい」と呼ばれることもあり、見た目でわかりづらく、理解されにくい障がいです。情報が正確に伝わらないために、学習に制約を受けることもあり、言語能力の発達の遅れや、本人の知識に偏りがある場合もあります。また、コミュニケーション障がいのために仕事に支障が生じたり、誤解が生じたりするケースもあり、人間関係の不和、不適応に発展することもあります。人間関係に悩み、うつ病になるなど、本来の特性とは別の障がいが二次的に発生する「二次障がい」も多いと言われています。

　筆者の支援した事例では、ある聴覚障がいの女性が、休憩中に職員が数名で会話しているところを見たときに「自分の悪口を言われているのではないか？」「自分は嫌われているから、仲間に入れてもらえない。輪に入れない」などと思い込んでしまったためにうつ病になり、退職を余儀なくされたケースがありました。本人の認知や捉え方の問題もありますが、このような誤解を防ぐためにも、次に示す口話、筆談、手話、メールなどを組み合わせ、一人ひとりに対応したコミュニケーションで意思を確認する必要があります。

①口話でのコミュニケーション

　口話とは、相手の唇の動きや発声から、会話を判断する方法です。口話が可能だと、対面でのコミュニケーションは行いやすくなります。ポイントは、早口にならずゆっくり話すこと、またしっかり伝わっているかの確認をすることが大事です。

　口話では、口の動きが似た言葉で勘違いが発生し、トラブルが生じるケースが多々あります。例えば、「たまご」と「たばこ」など、慣れないうちは母音が同じ言葉でよく勘違いが発生します。そこで、大事な連絡事項は必ず紙に書いて確認するなど、二重にチェックすると効果的です。

②筆談、メール、FAXでのコミュニケーション

　紙やノートにメモをして伝達する方法です。面接の際に、聴覚障がい者の応募があったときは、A4くらいのメモ用紙や、小さなホワイトボードなどを準備しておくと伝達がスムーズに行えます。採用面接の連絡をFAXで行う場合には、相手に届いているか、確認のために返信を求めるのも方法の一つでしょう。

③手話でのコミュニケーション

　手の動きや身振り、表情を組み合わせて意味をあらわす方法です。聴覚障がい者の18.9％の方が手話もしくは手話通訳を利用しています（平成18年身体障害児・者実態調査結果）。

　企業の研修や行事などで手話通訳が必要な場合は、各自治体や民

■聴覚障がい者のコミュニケーション手段の状況（複数回答）

コミュニケーション手段	回答数
補聴器や人工内耳等の補聴器	234
筆談・要約・筆記	102
手話・手話通訳	64
読話	32
その他	23
不詳	20
総回答数	338

間団体による手話通訳者の派遣事業を活用してください。自治体によっては、聴覚障がい者が必要に応じてオーダーするなど、一定の条件を満たせば、無料で利用できる制度もあります。

④安全配慮

　工場や店舗などでは、緊急事態や危険時の回転灯、警告灯を設置することが必要です。聴覚障がい者は、音での情報取得ができないため、視覚情報として用います。また、聴覚障がい者本人には、緊急時のサインや避難経路の説明を事前に行うことを徹底しましょう。

🌱 視覚障がい

　見る力が弱い（視力の障がい）、見える範囲が狭い、欠損して見える（視野の障がい）などの眼の障がいです。

　障がいの様態はさまざまで、視界の中心部分が広い範囲で欠損して見えない、見える範囲が狭く左右が見えにくい、まぶしく感じるなどの症状があります。

　視覚障がい者で最もイメージしやすいのは「全盲」ですが、日本の視覚障がいの中での全盲の割合は約20％と言われています。なお、全盲とは、視力がゼロで光を見て感じることのできない状態です。

　視覚障がい者は歩行訓練や生活訓練を受けているため、通勤ルートや移動時間に慣れさえすれば、日常生活に問題はありません。環境変化に慣れるまでが大変なのは、健常者も同様です。障がいの程度もさまざまで、自分一人で生活する方もいれば、白杖や盲導犬を利用する方もいます。

　マッサージ師としての就業は昔から視覚障がい者の大きな受け入れ先です。現在は、従業員へのマッサージを業務とする「理療師（ヘルスキーパー）」として視覚障がい者を雇用する企業が増えてきました。個室やベッドの設定など、一定のインフラが必要ですが、

PCの音声ソフトなどの支援機器を導入することで簡単な予約システムを作れば、視覚障がい者自身が社内で運営することが可能です。サービスを受ける社員らも体調管理ができ、福利厚生の一環として喜ばれる職務設計の例です。求職する視覚障がい者の側も、企業内で働くヘルスキーパーへの希望者は特に多く、人気の職種です。

🌱 視覚障がい者共通の配慮事項

①視覚障がい支援の機材活用

　PCの音声ソフト、拡大読書器、画面表示拡大ソフトなどの支援機器を活用することで、PCを活用した職務が可能です。ある会社の全盲の人事担当者は、音声ソフトを利用しながらPCをフル活用させ、採用活動を行っていました。筆者は、その方がパワーポイントで作成したスライドでプレゼンテーションを受け、そのスキルの高さに驚きました。なお支援機器を使う際には、「（独）高齢・障害・求職者雇用支援機構」からの貸与が可能なものもあります。

■視覚障がいの特性と支援

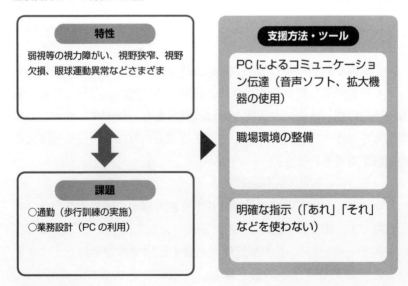

特性
弱視等の視力障がい、視野狭窄、視野欠損、眼球運動異常などさまざま

課題
○通勤（歩行訓練の実施）
○業務設計（PCの利用）

支援方法・ツール
PCによるコミュニケーション伝達（音声ソフト、拡大機器の使用）

職場環境の整備

明確な指示（「あれ」「それ」などを使わない）

②通路や社内の整備

　危険物を置かないのはもちろんのこと、電話やパソコンのケーブルやコードが足に引っかかるとつまずく原因にもなりますので、オフィス内を整理整頓します。オフィス内のレイアウト変更を行う場合は事前に伝えておきます。

③コミュニケーション上の注意

　「あれ」「これ」「そっち」などの抽象表現は伝わりにくいため、具体的で明確な表現や指示を行います。聴覚でのコミュニケーションは可能であるため、口頭での会話、PCの音声読み取りソフトを活用します。

 その他の身体障がい　　　　COLUMN

●平衡機能障がい（へいこう）

　姿勢を調整する機能の障がいで、立つことや起立を維持すること、歩くことが困難な状態です。平衡機能障がいの方の通勤への配慮として、通勤ラッシュを避けるため、出勤時間を遅らせることや、場合によっては社内に手すりやスロープを設置する必要があります。

●音声機能・言語機能障がい

　音声機能・言語機能とは、声や言語を発することができない障がいです。対人コミュニケーションに配慮が必要なため、電話応対業務を外す、筆談やメールでコミュニケーションを取るなど行う必要があります。

●そしゃく嚥下（えんげ）・機能障がい

　そしゃくとは食べ物を細かく噛み砕き、唾液と混ぜることです。嚥下は、口に入れてそしゃくしたものを飲み込むことです。口から直接食事ができず、チューブから直接胃に栄養を入れる「胃ろう」を使っている方には、食事をする部屋などの場所を確保したり、時間を長く取ったりする配慮が必要です。また、定期通院や体調管理も他の障がい同様に必要です。

知的障がいとは何か?

臨機応変な対応が苦手で、業務を覚えるのに時間がかかるケースが多い「知的障がい」について解説していきます。根気よく説明すれば確実に能力が向上していきます。

🌱 知的障がいとは

　知的障がい者は知的な遅れがあるため、状況の判断や言語の理解が困難である場合や、金銭管理や身辺整理ができないなど日常の生活動作が苦手な方がいます。しかし、環境に慣れるにつれ、徐々に、そして確実に業務能力や人間関係能力も成長します。

■知的障がいの特性と支援

特性
- ○作業遂行能力やコミュニケーションに制限あり
- ○一人ひとりが異なる
- ○ゆっくり成長する
- ○感情豊か

課題

指示の調整
- ○一度に教える量(ステップを踏む)
- ○作業の分割
- ○こだわりを見つける
- ○日ごろの作業をチェック

支援方法・ツール

指示の方法
- ○言葉で教えるだけでなく、一緒にやるなど
- ○マニュアル、スケジュールの作成

朝礼や終礼の実施
- ○可能な限りフィードバックの機会を設ける
- ○体調や生活面の確認もする

業務日誌の活用

家族会の実施

知的障がい者共通の配慮事項

　知的障がい者が業務に慣れて理解を深めるためには、言葉だけで伝えるのではなく、絵や写真などを用いてマニュアルや業務指示書を作成して説明するなど、指示の方法を工夫します。知的障がい者を雇用する会社の多くは、作業指示書やマニュアルを作成し、業務の標準化を目指しています。そうすることで仕事に見通しがつき、知的障がい者自身の集中力も高まります。また、一度マニュアルを作成することで、ほかの社員や新入社員が見てもわかりやすい資料となり、社内での共有も可能となります。

①指示方法の注意点

　知的障がい者には、言葉による説明を理解するのが苦手とする方が多くいます。そこで、イラストや絵を使った指示書、マニュアルを作成し、ツールとして活用することをおすすめします。特に、紙に印刷した指示書や作業手順書など、視覚から説明を伝えることが有効です。PDFなどの電子指示書よりも、いつでも確認できるように紙の指示書を渡したり、社内に掲示したりすると理解度も深まり作業もはかどります。

　言葉による情報の伝達よりも、モニター上で表示する電子データよりも、紙面に書き表した情報がもっとも感覚的に認知しやすく、理解の進み具合も早くなるようです。後述の株式会社アルペンの事例でも紹介しますので、参考にしてください。

②指導方法の注意点

　上司や現場のスタッフは、最初はできるだけ知的障がい者と一緒に作業を行いましょう。慣れてきたら今度は一人で作業させてみます。知的障がい者は、理解力がないのではなく、理解するのに時間がかかるだけです。説明と作業を何度も繰り返すことで仕事を覚え、作業能力も確実に向上していきます。

　また、指揮命令系統を統一することもおすすめします。複数人から一度に指示を受けると、優先順位がつけられずにパニックに陥る

方もいます。そこで、指示を出す担当者を可能な限り1人に絞ります。

　企業から「知的障がい者の方はサボらず、一生懸命だ」という意見をいただくことがよくあります。確かに職務や会社との相性が合えば、一生懸命コツコツ仕事をする方も多いのです。しかし、サボらないのは障がいの特性によるものではなく、仕事に対する個人の考え方や姿勢によるものです。

　知的障がい者の中には、「特別支援学校」というところで障がい者の専門教育を受けている方もいれば、就労支援施設から企業や社会に出たばかりの方もいます。そのような方には仕事の指導も大切ですが、あいさつや身だしなみ、時間を守るなどのビジネスマナーを習得できるように育成することも重要です。

③業務日誌を活用する

　知的障がい者に、一日の業務を振り返り、報告書を提出してもらいましょう。業務に関する報告や連絡を日誌にまとめて、上司が毎日チェックします。業務日誌を毎日確認することで、本人にとって「業務量が多いか？　少ないか？」「作業のスピードは適切か？」「業務が本人の適性に合っているか？」などの状況を把握することができます。

　例えば、比較的時間の余裕があったにもかかわらず、仕事が進展していなければ、サボっているか、何らかの理由で作業能力や意欲が落ちていることがわかります。

④家族会を活用する

　家族会とは、障がい者の家族や支援者の集まりで、障がい者と一緒に食事会などのレクリエーションを定期的に実施しています。この家族会と情報交換を行い、社外から障がい者をフォローしてもらえるようにお願いしてみましょう。

　「家庭ではどのように時間を使っているか？」「不安はないか？」など生活面の情報交換を行います。家族との情報交換や信頼関係を強化することによって、生活面を家族や支援者にフォローしてもらえれば、仕事の生産性向上や職場定着にも結び付けることができま

す。企業は仕事、支援機関は仕事と生活、家庭は生活をそれぞれフォローすることが理想的です。

　以上に挙げた業務日誌や朝礼、家族会の例は、知的障がい者のマネジメントで効果を上げる代表的なツールです。知的障がい者を雇い入れる場合は、これらのツールを有効に活用しましょう。

■企業と支援機関、家庭は連携して障がい者をフォローする

就労支援機関

障がいのある方

企業

家庭

生活面や仕事面の総合的なフォローを行うためにも、企業と支援機関、家庭は連携を図り情報を交換する。

精神障がいとは何か?

近年よく耳にするようになった「うつ病」や「てんかん」などに代表される「精神障がい」について解説します。

 ## 精神障がいとは

　精神障がいは「精神疾患」とも呼ばれ、統合失調症、気分障がい（うつ病、そううつ病）、そして、てんかんなどがあります。症状が落ち着いて安定している場合は、職場で力を発揮する精神障がい者が多くいます。精神障がいが身体障がいや知的障がいと異なる点は、障がいと病気を併せ持つため、症状が不安定なことです。

■精神障がいの特性と支援

特性

○まじめでキャリアを積んだ方も多い
○症状が安定すると定着しやすい
○環境などの変化が苦手、
　　対人関係が不得意な方も多い

課題

○兆候、サインを把握する
　例）遅刻が多くなる。無表情になる。十分に眠れていない。口数が増える、減るなど。
○症状が固定しない方も多い

支援方法・ツール

段階的な受け入れ
○短時間からスタート
○休憩をこまめに与える、
　残業の対応など

作業指導は気長に（ゆっくりと）仕事量も様子をみる
○過去のキャリアよりも
　現在の状況で判断
○人間関係の形成

相談しやすいキーパーソンの配置、雰囲気づくり
○仲間として認めること

🌱 精神障がい者共通の配慮事項

①勤務時間の配慮

　身体的にも精神的にも本人に負担がかからないよう、勤務時間に対して配慮します。入社直後は午前中の就業のみで帰宅させ、慣れてきたら少しずつ段階を踏んで勤務時間を増やすと良いでしょう。業務中は休憩をしっかり取ってもらうことも大切です。

②人間関係作りへの配慮

　精神障がいは、「人間関係の障がい」とも言われています。精神障がい者にとっての職場での人間関係や雰囲気は、仕事を継続して行うための重要な要素となるため、キーパーソンを決め、日ごろから話しかけやすい雰囲気を作ることが重要です。特に、自分から他人に援助を求めることが苦手な障がい者に対しては、問題が発生する前に声をかけ、不安要素を取り除く工夫が非常に重要です。

③不調のサイクルをみんなで把握する

　精神障がい者本人が自分と向き合い、自分自身の体調や感情の起伏について自覚できているかどうかが就労する上での重要なポイントですが、同時に、職場の同僚や上司が、体調や感情の変化についてリズムをつかむことで、トラブルの芽を事前に摘み取ることに役立ちます。

　まずは本人が自分自身の状態を把握する必要があります。また、安定して働き続けるためには、毎日のストレスへの対処方法にも配慮が必要な場合もあります。そして、周りの人が、「月や週のサイクルで大体いつごろに不調になるか？」など精神障がい者の特徴を具体的に把握することが重要です。また、精神障がい者本人が苦手とする状況や人間関係、感情の変化を細かく記録しておけば、マネジメントがしやすくなります。

　筆者も毎日、精神障がい者の部下の体調や気づいたことをメモして、体調の大まかなリズムを掴み、本人の無理にならないように配慮しています。

●気分障がい（うつ病、そううつ病）

　この10年間で、「うつ病」という言葉を日常生活の中でよく耳にするようになりました。「うつ病」と聞くと、気持ちが落ちているとか、元気がない状態を思い浮かべませんか？　うつ状態は誰にでもありますが、このうつ状態が2週間以上続くと医師から「うつ病」と診断されることがあります。気持ちだけではなく、眠れない、食欲や性欲がないなどの身体の症状もあります。

　「そう状態」はうつの逆で、気分が良く、ハイテンションと言われるような状態です。多弁で開放的になり、眠らなくても平気な状態が続きます。

　そして、「そううつ病」は「双極性障がい」とも呼ばれ、この2つの状態を繰り返します。

●統合失調症

　「統合失調症」は思考障がい、自我障がい、感情障がい、人格障がい、幻覚などを主な特徴とします。「周囲の世界が何となく変わったように感じる」「自分の心の中が周囲に見透かされてしまう」「他者に考えを吹き込まれている」と感じてしまう方が多いようです。人間関係では「話の文脈にまとまりがない」という印象を持たれるケースが多くあります。対話形式の幻聴や自分のことを噂して聞こえる幻聴、感情が乏しくなる、無関心、自閉などの症状があります。

●てんかん

　「てんかん」とは、発作を繰り返し起こす脳の疾患症状で、精神障がいに含まれています。てんかんは、人口1000人のうち5～10人（0.5～1％）に見られる症状です。発作が起こると急に倒れてしまう印象が強いかもしれませんが、手や顔の一部が引きつるだけの方、ぼーっとするだけの方など、個人によって症状はさまざまです。約80％のケースで治療による発作のコントロールが可能であると言われています。

発達障がいとは何か?

自閉症、アスペルガー症候群や学習障がいなど脳機能の発達
に関係する「発達障がい」について理解を深めましょう。

🌱 発達障がいとは

　発達障がいは、自閉症スペクトラム障がい（自閉症、アスペルガー
症候群など）、学習障がい、注意欠陥多動性障がいなど、脳機能の
発達に関係する障がいです。コミュニケーションが苦手な方もいれ
ば、知的な遅れがまったくない方もいるので、一括りに発達障がい
と言っても個人差が大きいのが特徴です。

　なお、「発達障がい」の定義は、旧来では広義で使われていますが、

■発達障がいの特性と支援

特性
- 人によって能力のばらつき、凹凸が大きい
- 力を発揮できる職場環境を用意し、周囲の方の受け入れ態勢が整えば障がいのない方よりも非常に高い効率で仕事をする方も多い

課題
- 障がいの自己理解・受容（できる・できないことや特性）
- 個別対応（具体的な整理、支援）

支援方法・ツール

環境整備
- 音、気配、造り、字などの刺激に対応
例）周りがにぎやかだとまったく仕事ができない方に対しては、静かな部屋を用意する

指示
- 方法の伝え方を工夫する
- ひとつずつ順を追ったステップを踏む
- キーパーソンを設置し、キーパーソンから指示を出す

作業条件
- 作業量と方法を一人ひとり変える
- 補助道具（メモ、PC、電卓など）を用意

第3章 障がいの種類と特性について知ろう

本書では、発達障害者支援法で指定されている、狭義の発達障がい
を対象にしています。

　発達障がいの場合は、障がい者本人が興味のあること、得意なこ
とに関して集中力を発揮することが多く、業務や環境がマッチすれ
ば大きな成果を生みます。例えば事務のPC入力、封づめ、研究、
ライン作業・軽作業など、発達障がいの方はさまざまな仕事で活躍
しています。

　健常者が行うよりもミスが少なく、生産性が高いケースも多くあ
りますので、マッチングしてみてください。筆者も文書作成の際に
は、発達障がいの部下にチェックしてもらっています。物凄い集中
力でチェックするため、ミスが少なく助かっています。

　実は発達障がいの特徴は、健常者とされる方たちも多かれ少なか
れ持っている特徴なのです。

　発達障がいの一つであるアスペルガー症候群の方の集中力は、凄
まじいものがあります。文明の発展や芸能などの歴史に名を遺して
きた天才や、一芸に秀でる人にも発達障がい者は多いと言われてお
り、かの天才芸術家レオナルド・ダ・ヴィンチにも発達障がいがあっ
たとされています。

　また発達障がい者の中には、「音、匂い、色、触感」などに敏感
な感覚をもった方もいます。例えば、香水の匂いが我慢ならない、
耳からの情報は理解や判断、処理ができないなどです。常に軍手を
しているような感覚があるため手先が不器用な方や、身体を動かす
のが苦手なために歩き方がぎこちない方もいます。

🌱 発達障がい者共通の配慮事項

①指示の仕方

　図や写真を多く使い、伝えたい内容を視覚的に説明すると理解し
やすいようです。そのため、フローチャートなどを利用しての説明
が効果を発揮します。もっとも、理解に至るまでのプロセスに個人

差があるため、コミュニケーションに慣れるまではそれぞれの個性に合った説明の仕方を模索する必要があります。

　聴覚からの情報は理解できるが、文書などの視覚情報は理解できない方、その逆で、文章は理解できるが、電話など耳からの情報を処理するのが苦手な方もいます。

　普段の会話では、私たちは意識せずに「この作業はどう思いますか？」など、あいまいな表現で質問を行っていることがよくありますが、こうした質問に対し、理解するのに時間がかかることがあります。ですので、具体的な表現で的確な指示を出すように心がけましょう。行間を読んだり、空気を読んだりすることがとても苦手なのです。

　ルーティンワークを指示する場合は、マニュアルや業務指示書を作成して視覚的に理解できる指示としてまとめてみましょう。重要な部分は赤字や太字で強調しておくとさらに理解するスピードは早くなります。1日のスケジュールなどは時間割にまとめ、視覚情報として伝えます。また会社での不文律、集団活動のルールは、紙にして就業場所に張り出すことも効果的です。

　筆者が支援した発達障がい者の方で、「明朝体の文字は目に刺さるようで痛い」という感覚の持ち主がいました。個人によって感じ方はさまざまなので、本人の特徴に応じた配慮が必要です。

②職場環境の確認

　本人の特徴やこだわりを確認して「音」、「人の出入り」、「社内の空間的な広さ」などの職場の環境面を確認します。例えば音が大きいと集中できないケースもあれば、逆に静かな環境が苦手なケースもあります。人の出入りが多いと集中できない場合もあれば、人が多く混雑した環境が得意な場合もあります。

　苦手な匂い、音、触感なども確認し配慮するといいでしょう。また、ほかの障がいと同様ですが、休憩が取りやすい場所や雰囲気作り、信頼して相談できるキーパーソンを置くことも重要です。

③二次障害に発展しないように注意する

　聴覚障がいの説明部分でご紹介した二次障がいは、発達障がい者にも見られます。例えば、発達障がいの一つ「アスペルガー症候群」のように、苦手である対人関係に悩み続け、その結果、自信を喪失したり不安定になったりする方が少なからずいます。無気力に陥り、うつ病などの精神疾患になってしまうパターンがあります。また、当初はうつ病の精神障がい者だと思われていた方が、コミュニケーションなど対人関係の苦手な発達障がいを背景に持っていることが就職後に判明したケースもあります。

　そこで、入社後は定期的に本人と面談し、社内の環境にうまく適応しているか、社内の人間関係はうまくいっているかなどを確認し、必要に応じて調整するようにしましょう。もし、眠れない、食欲がないなどの状態を確認したら、社内の医療スタッフや医療機関に相談し、二次障がいの発生を防ぐことが重要です。

■発達障がいにも多様なケースがある

自閉症	アスペルガー症候群
○言葉の発達の遅れ ○コミュニケーションの障がい ○対人関係・社会性への障がい ○パターン化した行動、こだわり	○基本的に、言葉の発達の遅れはない ○コミュニケーションの障がい ○対人関係・社会性の障がい ○パターン化した行動、こだわり ○不器用（言語発達に比べて）

注意欠陥多動性障がい	学習障がい
○不注意（集中できない） ○多動・多弁（じっとしていられない） ○衝動的に行動する（考えるよりも先に動く）	○「読む」「書く」「計算する」等の能力が、全体的な知的発達に比べて極端に苦手

偏りがあったり、重なる部分があったり、知的な遅れを伴うこともあります

資料：『発達障がいの理解のために』（厚生労働省）より作成

④軽度障がいだからこその悩みを知る

　発達障がいも「目に見えない障がい」の一つです。外見からは障がい者であることが伝わらないので、自分の障がいが周囲に理解されず悩む方もいます。「健常者と変わらない」と思われてしまう軽度障がいだからこそ、わかってもらえない苦しみ、悩みがあることをぜひ理解してください。

　具体的に、Aさんという20代男性の例を見てみましょう。Aさんは、発達障がい軽度、アスペルガー症候群です。スーツをビシッと着て、言葉も流暢なため、いかにも「仕事ができるビジネスマン」という外見でした。そのため、同僚たちは障がいに対して一切配慮せずに付き合っていましたが、次第に人の気持ちが読めないなど、「できないこと」が目につくようになりました。本人も相手の顔色を見て様子をうかがう努力はしますが、どうしてもぎこちなくなることがあります。そして、次第に人間関係が悪化してしまったのです。

　このようなことを避けるためにも、「健常者だから」「障がい者だから」という固定観念を外し、一人ひとりの特徴をしっかりとらえることが大切です。

 ## 自閉症

　自閉症とは主に「社会性」「コミュニケーション」「想像力」の3点に発達の偏り、アンバランスがある障がいで、500人につき1人の割合で発生すると言われています。

　「社会性」に関する偏りとは、人に興味がない、人との付き合いが苦手、暗黙の了解を直感的に理解できないなどがあります。コミュニケーションに関する偏りとしては、「話し言葉がうまく使えない」「オウム返しが多い」「表情・ジェスチャーを使うことが苦手」「人とのやり取りが苦手」などの特徴が挙げられます。「想像力」に関する偏りは、「こだわりが強く固執し応用ができない」「せまい範囲の分野には興味があり集中する」「抽象的な意味や経験していない

ことの理解が苦手」などの特徴が多く見られます。

　「言葉の発達の遅れ」「コミュニケーションの障がい」「対人関係・社会性の障がい」「パターン化した行動やこだわり」のため、対人関係が苦手な方が多いのです。

🌱 アスペルガー症候群

　アスペルガー症候群の場合は、自閉症に比べると「言葉の発達の遅れ」や知的発達に問題は少ないのですが、「杓子定規な話し方をする」「細かいところにこだわりが強く固執する」「想像力が乏しい」「他者に共感できず相手の意図に気づかない」などの特徴があります。

　例えば、初対面の相手に対しても自分の好きなことばかり延々と話すため、自分勝手とか自己中心的と捉えられがちです。なお、「アスペルガー症候群」という名称は、平成25年にアメリカ精神医学会の診断基準DSMIVがDSMVに改定される際に、「自閉症スペクトラム（ASD：Autistic Spectrum Disorder）」という名称に変更されています。スペクトラムとは、「症状の特徴や程度が連続的であり、ここでは健常者と障がい者のはっきりとした区別ができない」という意味合いで使われています。

🌱 注意欠陥多動性障がい

　注意欠陥多動性障がいは、忘れ物が多い、ケアレスミスが多いといった「不注意」、じっとしていられないなど落ち着きがない「多動性」、思いついたらあとのことを考えずに行動する「衝動性」を主な特徴とする障がいです。

　注意欠陥多動性障がい者への配慮として、集中できる職場環境を用意することが必要な場合があります。

　例えば、他人が視界に入ると集中できない方には机を壁に向けて配置したり、パーテーションを用意することで、本人の集中の妨げ

になるものが視界に入らないようにします。逆に、人が多く出入りする環境でないと集中できない方には、部署の中央に座席を配置するなどの配慮が必要です。

学習障がい（LD: Learning Disorders）

学習障がいの特徴として、「文字の区別ができない」「文字は読めるが言葉にできない」「鏡文字になる」「計算ができずに困る」「推論できない」「図形が苦手」など、学習能力に極端な遅れや偏りがあります。学習障がい者の中には、視覚情報の処理が苦手で文字を読めない方、聴覚情報の処理が不得手で会話が聞き取れない方、大勢の話し声がすると耐えられない方もいます。また、水が手に触れる感触が耐えられないなど、独特な感覚を持つ方もいます。

教育用語の「学習障がい」とは若干意味が異なりますが、教育の現場でも学習障がい者の支援が進められてきています。例えば、学校で教科書やノートを読むことができない学習障がいのある生徒に対して、教科書を読み上げることのできる支援機器を活用し、聴覚による情報処理を助け、授業についていけるよう配慮する取り組みも進められています。

その他の障がいとは？

その他の障がい者とは、発達障がい者、身体障がい者で障がい程度等級が7級1つのため身体障がい者とならない方、また、その障がいが身体障がいに該当しない肝臓病、難病、低身長症などの疾患や、精神障がいには至らない精神疾患もしくは高次脳機能障がいなどにより、長期にわたり、職業生活に相当の制限を受け、もしくは職業生活を営むことが著しく困難な方が該当します。

ただし、障害者手帳を持たない場合は、障がい者雇用の算定ができません。

その他の障がい

これまで紹介した障がい以外にも「身体障がい」に該当しない肝臓病や難病を抱えた障がい者や、高次脳機能障がいの方などがいます。ここではそれらの障がいについて解説します。

高次脳機能障がい

高次脳機能障がいとは、交通事故などの脳外傷、脳血管障がい（くも膜下出血などの脳出血、脳梗塞）、低酸素脳症、脳炎、脳腫瘍などによって、集中力が持続できなくなる（注意障がい）、物覚えが悪くなる（記憶障がい）、読み書きや話すことができなくなる（失語症）、順序立てて作業を行うことが困難になる（遂行機能障がい）、感情のコントロールができなくなる（社会的行動障がい）などの精神機能障がいをさします。

例えば、ある方は交通事故で脳挫傷となったあと、病院でのリハビリが進み、普通に日常生活を送れるようになると、些細なことで激高し感情的になる場面が多くなりました。家族や周囲には、「事故で性格が変わった」「いいかげんになった」といった印象を与えることもありますが、このような方は、実は性格が変わったのではなく、高次脳機能の障がいで、感情のコントロールができず、攻撃的になってしまっているのです。

取得している手帳は、精神障害者保健福祉手帳、身体障害者手帳のどちらか、または両方の保持になります。

＜高次脳機能障がい者への配慮事項＞

障がいや症状が出る前と後の残存能力の違いを見極め、現在の「できること」「できないこと」と「配慮事項」を本人が理解することが必要です。業務を可視化したりコミュニケーション方法を工夫すること、また重要な情報をノートに記入して確認することも有効です。

第4章

社内に障がい者を
受け入れてみよう

障がい者雇用のための準備や
配慮すべきポイント

ここからは、障がい者を雇用するための具体的なコツをお伝えします。また、雇用の際には何を準備し、何を考慮すべきなのかを解説します。

社内に障がい者を受け入れるためのポイント

障がい者を雇用して社内に受け入れるためには、以下の3つのポイントを押さえる必要があります。「職場環境の見直し」「受け入れ現場の理解」「職務内容の確認設計・職務分析」の3つは、最低限押さえておかなければならないポイントです。これらのポイントを一つひとつ説明していきます。

> **POINT**
>
> ●職場環境の見直し……物理的環境、インフラは整備できていますか？
> ⇒助成金の利用も可能
>
> ●受け入れ現場の理解……受け入れ現場は、障がい者雇用の準備と意識がありますか？
> ⇒周囲への事前準備、支援者の活用
>
> ●職務設計・職務分析
> ⇒現状のままで仕事の遂行が難しいときは再設計する

職場環境の見直し

職場環境を見直すことは、障がい者を雇用する際に重要なことです。では、実際にどう見直していくのか？　その際の費用はどうやって捻出していくのか？　について解説します。

🌱 職場環境の確認・見直し

　障がい者の雇用受け入れを実際に行う場合、事前に職場環境の確認が必要です。ここでいう職場環境には「施設」や「設備」、「交通手段」に加えて、「人事部門に限らず障がい者雇用に詳しい人材や協力的な人材の有無」までが含まれることになります。

　まずは社内の現状を確認し、できるところから必要な整備を進めましょう。そのためには、まず現状を把握するために以下のチェック表を確認してみてください。

■職場環境を確認するチェックリスト（例）

❶通勤への対応を確認

□自動車での通勤は可能か？　　　　　　□公共交通機関で通勤できるか？

□在宅勤務は可能か？

❷社内環境を確認

□エレベーターはあるか？（視覚障がい者の場合は音声エレベーター）

□車いす用のトイレはあるか？

□スロープや手すりはあるか？

□通路は整理整頓されているか？

□危険な場所はないか？

□作業マニュアルはあるか？

□休憩できるスペースはあるか？

□人の出入りが多すぎないか？

□匂い、照明、音などが刺激になる可能性はあるか？

❸その他

□障がい者雇用に詳しい人材や協力的な人材（キーパーソン）はいるか？

□社内に障がい者の従業員はいるか？　　　□どの部署で受け入れるか？

社内の受け入れ環境は、すべてがユニバーサルデザイン（高齢者、障がい者などに関わらず万人に利用しやすい設計）でなくても構いません。受け入れが決定した障がい者が、苦痛なく仕事に打ち込める環境であれば問題ありません。

　障がい者雇用を進めるにあたり、社内で改築などの設備投資や人の配置をする場合には、「障害者作業施設設置等助成金」が活用できます。例えば、「視覚障がい者のために音声読み上げソフトを導入したい」「スロープを付けたい」「工場にパトランプを付けたい」といった場合に、助成金の申請をして審査に通れば支給されます。

　支給額は、「支給対象費用×助成率」となり、最大で障がい者1人につき450万円となっています。

　助成金を申し込む際には厳正なチェックが行われます。各助成金の詳細及び相談は、108ページ以降に記載してあるデータを参照し、最寄りの高齢・障害・求職者雇用支援機構に問い合わせてください。設備面で障がい者に配慮することは、他の従業員に配慮することにもつながります。

■独立行政法人　高齢・障害・求職者雇用支援機構
http://www.jeed.or.jp/

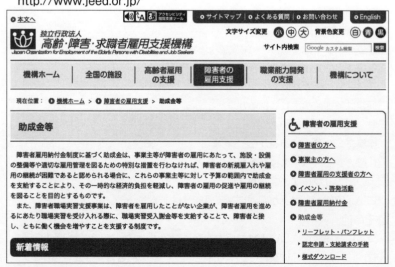

障がい者の受け入れ態勢を整える3つの方法

職場環境が整ったら、次は一緒に働くことになる社員と共に障がい者の受け入れ準備ができているかどうかを確認します。ここでは、受け入れ態勢を整える3つの方法を紹介します。

 ## ①トップダウンで障がい者雇用を進める

　筆者がおすすめするのは、会社の「トップダウン」で障がい者雇用を進めることです。「トップダウン」とは組織内での意思決定方式のことで、会社組織内の上層部が業務の意思決定をし、現場へ指示を出すことをさします。

　特に中小企業では、経営全体に対する経営トップの影響が強く出ます。そのため、社長をはじめ経営陣の障がい者雇用に対する理解が必須です。中小企業で障がい者雇用に成功している会社の一つに、日本理化学工業株式会社があります。先代で会長を務めていた大山泰弘氏は、強力なリーダーシップを発揮して障がい者雇用を社内で推し進めています。従業員86名中、63名（令和2年2月時点）の障がい者を雇用しており、テレビ番組などでも取り上げられ、話題になったことがあるので、ご存じの方も多いかと思います。

　また、大手企業での事例を挙げると、株式会社ファーストリテイリングが経営するファッションブランド「ユニクロ」では、柳井社長の強烈なトップダウン方式により、各店舗につき1名以上の障がい者雇用を行っています。

　経営者のトップダウンによる障がい者雇用は、障がい者に対する社内の理解度をより高め、管理者から現場の職員に至るまでの認識が統一されやすくなります。そして、障がい者雇用がごくあたり前になっていくと、障がい者、健常者に限らずチームの一員として働くことが自然になっていきます。その結果が、企業文化、社内の雰囲気として醸成されます。これが、障がい者雇用の「大きな財産」

となり、一朝一夕では真似のできない「独自の資源」を導き出します。

 ## ②社内研修で障がい者への理解を深める

　いくらトップダウン方式で障がい者雇用を実行しても、実際に現場で一緒に作業する社員に障がい者の受け入れ態勢ができていなければ、効果は半減してしまいます。現場の社員も、法律やCSRの必要性を頭ではわかっていても、いざ自分の職場で障がい者を受け入れることになると不安や負担を感じて、受け入れの壁になることが多くあります。そこで、まずは「障がい者」を理解する研修の機会をつくることが効果的です。また、ハローワークや、高齢・障害・求職者雇用支援機構などが無料で研修を実施しているので、それを活用するのもひとつの手法です。

 ## ③キーパーソンを育成する

　障がい者雇用をスムーズに進めるためには、社内に障がい者雇用を進める「相談役＝キーパーソン」となる人が必要です。相談役がいれば、社内でも「障がい者雇用に携わりたい」「自分の家族に障がい者がいるから、協力したい」など、中心となって動いてくれる仲間があらわれます。このような人材をぜひとも巻き込みましょう！　また、店舗なら店長、支店なら支店長など各組織のリーダーも大事な存在になります。このキーパーソンを作り育てることも、障がい者の職場定着の際に重要なポイントとなります。

　人事部門では、どの部署のどの人物がキーパーソンとなり得るのか、組織全体を把握しておきましょう。誰を担当者にすれば受け入れがスムーズに進みそうか、あるいは受け入れを成功させた実績があるかなどを勘案し、各部署のキーパーソンと受け入れ予定の障がい者をマッチングしてください。

職場の雰囲気が優しくなる　

　障がい者雇用を進めるメリットのひとつに、職場環境の向上があります。事例をご紹介します。

①雰囲気が良くなる

　事例となる会社は、全国に店舗を持つ和風飲食店です。現場ではパート社員の中高年50代の女性を中心にお店を運営しています。そこで人事部門が主体となり、知的障がい者のAさん（20代男性）を採用し店舗の現場に受け入れてもらいました。

　採用当初は、「障がい者なんて一緒に働けない」「仕事を教える時間がない」など現場の反対には凄まじいものがありました。しかし現場で一生懸命働くAさんと時間を共にすることで、少しずつ変わってきました。1か月も経たないうちに、パート社員の女性スタッフたちが「Aさんが一生懸命がんばっているのだから、私たちもサボらず一生懸命がんばろう」と一致団結し、店舗の雰囲気も良くなりました。結果、店舗の売り上げ、生産性も向上したとのことです。人事部門もこの店舗の事例を発信・共有し、障がい者雇用を各店舗で進めています。いろいろな人に出会うことで、人は相手の立場に立ち、相手を気遣い、さらに視野を広げることができます。そういった意味で、障がい者雇用は人材の育成にも会社の利益にも繋がります。

②職場環境の整備

　全盲のBさんを雇用した保険会社は、パソコンのケーブルや配線が多く、足元が乱れていました。Bさんは足元の配線を見ることができないため、Bさんの入社にあたり、一斉に配線を束ねて整理しました。その結果、オフィス内が整理整頓され、社員が気持ち良く効率的に仕事を進めることができています。

仕事内容を確認し、障がい者に合った職務をつくり出す

障がいのある方にどのような職務を任せるかについて考える必要があります。ここでは、障がい者に合った職務をつくりだす方法を3つに分けて解説します。

職務の洗い出しをする

　社内で障がい者にどんな仕事をつくれるか？　どの部署なら仕事があるか？　を確認します。この作業は一般的に、職務設計、職務分析、職域開発、業務の切り出しなどとさまざまな言い方をしますが、まずは社内で行う職務の洗い出しをしてみてください。

　具体的な方法としては、社内にある部署、職種などを書き出していきます。社内を見回して、一度全職務の洗い出しをしてみると、毎日の業務の中で当たり前にこなしている仕事も、いろいろな業務から成り立っていることが確認できます。その中で、「この職務なら任せられる」とか、「この職務をやってもらえると助かる」というような職務がいくつか出てきます。一つひとつの職務を細かく分解してみてください。

　例えば、事務職は「データ入力・書類や資料の作成・電話応対・伝票処理や整理・書類仕分け・来客応対・書類のファイリング・備品発注・郵便受発送・備品管理・シュレッダーかけ」など細かく分解できます。これは、人事部門でも経理でも営業でも同じです。とにかくすべての職務を分解してみてください。

　また、企業の「採用基準」や「業界」「環境」などの違いにより雇用方法は多種多様です。同業他社はどんな職種や方法で雇用をしているのかを調べて、模倣したり、参考にしたりするのもおすすめです。

　ぜひとも一度全職務の洗い出しをして、障がい者向けの職務が創出できないか考えてみてください。そうすることで、応募があった

際に一人ひとりの特徴に合わせて職務設計ができ、雇用が進みます。

　社内全体の職務設計を行うと、部署の垣根を跳び越えて配属先を検討できるというメリットがあります。例えば、非常に優れた人材が障がい者枠で応募してきた場合、求人票の記載内容からは自分の担当部署で雇用するのは難しいと判断せざるを得ないことがあるとします。しかし、社内全体の職務設計を行っておけば、「経理部の庶務なら任せられるのでは？」など、社内全体を俯瞰した雇用と職務のマッチングが可能になるのです。

　職務の洗い出しを行うことによって「人」に合わせた職務設計が可能になると、障がい者雇用の可能性は格段に広がります。「障がい者を雇用して必要な人員を充足する」という考え方よりも、「障がい者に遂行可能な職務を洗い出して担当してもらう」という考え方の方がうまく行くのです。人事部門は社内全体の職務を把握して、雇用と職務の最適なマッチングを検討してみてください。

🌱 職務の再設計を行う

　現状のままでは障がい者による仕事の遂行が難しい場合は、「職務の再設計」を行ってみてください。社内の職務を創出し、受け入れを拡大して可能性を広げると、採用の可能性は上がります。また、自社だけでの職務設計が厳しい場合は、全国各地にある障害者職業センターや障害者就業・生活支援センターなどの支援機関の門を叩くと、さまざまな事例を教えてくれますので参考にしましょう。

　次ページの事例は、部門をまたいだ職務設計を行った場合の1日の仕事スケジュール例です。職務設計の重要性は理解できたが、同じ部門内に1日分の仕事がないという会社におすすめです。

　この事例では、知的障がいがある20代女性のCさんを雇用しており、3部門からの職務を集めて、1日分の職務を設計しました。

　Cさんは、自閉症の傾向があり対人業務は苦手ですが、集中力がすばらしい女性でした。そこで総務部、営業部、経理部の3部門か

第**4**章

社内に障がい者を受け入れてみよう

87

■職務の見直し・細分化例

部署	職務内容
総務部署	郵便仕分け　社内便の整理　コピー、コピー機の紙補充など
営業部署	顧客データ入力　リスト作成　DM発送など
経理部門	請求書の準備、発送　データ入力　名刺作成　データのバックアップ作業など

■1日のスケジュール・職務設計

	9時	10時	11時	12時	13時	14時	15時	16時	17時	
総務部	郵便仕分け							・コピー ・コピー機の紙補充 ・シュレッダー作業		
営業部		・顧客のデータ入力 ・リスト作成 ・DM発送		お昼休み						
経理部					・名刺作成 ・ファイリング ・データのバックアップ					

　らそれぞれ、人と接することが少ない職務を切り出しました。総務部では、毎朝の郵便仕分け、コピー機の紙補充、シュレッダー業務を行います。次に営業部へ移動し、営業が顧客を開拓した際の顧客リストや情報の入力、顧客へのDM発送業務をこなします。最後は経理部に移動して、ファイリング業務、データのバックアップなどを行います。

　Cさんへの配慮事項は、「唐突な指示を出さない」「マニュアルの活用」「業務連絡」「朝礼の実施」の4点だけです。特につきっきりの社員がいるわけではありません。業務のフローが確定していれば、上記の配慮をするだけで業務が安定して回っていきます。

　筆者も同じく知的障がいの部下がおり、他部署のいろいろな仕事を集めて1日分の職務を設計し、この設計に基づいて働いてもらっています。その結果、筆者や各部署は各自の仕事に集中できるため、生産性の向上にも役立ち、とても助かっています。

マニュアルやテキストを作成する

　発達障がい者や知的障がい者の雇用では、業務マニュアルが活躍します。例えば、発達障がい者で、口頭での指示は理解できないが、紙に順序立てて書いてもらうと理解できるという方がいます。また、その逆のパターンもあります。知的障がい者なら、1日のスケジュールを可視化したり構造化したり、使う道具を図や写真でマニュアルに入れることで安心して働けます。業務や作業工程を単純化することが重要です。

　障がい者を雇用すると、社内のインフラや業務を見直す機会にもなります。会社の業務内容を可視化できたり、業務の漏れやダブりを修正したり、さらに効率化につなげることも可能です。業務フローやマニュアルを作る、または修正する良い機会にもなります。

　スポーツ用品販売の「アルペン」では、イラストの手順書を活用しています。当初は、店舗で働く健常者のアルバイト社員の育成やクオリティを均一化するのを目的として作成されていました。しか

■知的障がい者に対応した接客フロー

「はたらく障がい者プロジェクト」で使われている接客フローチャート。
知的障がい者にも理解しやすいように、工程をすべて可視化し、構造化している。

し、言語だけではなくイラストや写真などを入れた手順書は、知的障がい者が見て理解しやすいだけではなく、誰が見てもわかりやすいため、社員全員が活用できます。そのため現在は、新入社員やアルバイト社員に業務を説明する際にも活用しているとのことです。

　「アルペン」の取り組みは、社内の人材育成、そして店舗の生産性の向上にもつながっている好例です。

■アルペンの手順書

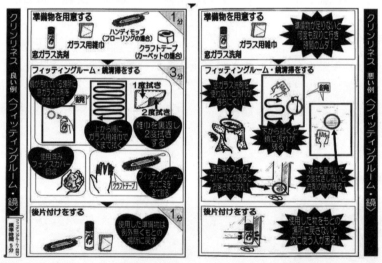

障がい者だけではなく、健常者の新入社員やアルバイト社員への教育や周知徹底にも利用されている。

リスクなし！
職場体験のすすめ

いきなり障がい者を雇用するには不安がある。そう考える人
事担当者も多いと思います。そういう場合、職場体験を行う
ことで実際に雇用した際の想定ができます。

職場体験とは？

　職場体験とは、支援機関を通じて一定の期間、障がい者を社内に
受け入れ、職業を体験してもらう制度です。職場体験は「雇用契約」
を結ぶことがないため、双方に「雇い止め」や「自己退職」のリス
クがありません。

　本来の目的は、障がい者が施設や学校以外で「働く」体験をする
ことで職業観を醸成し、「できること、できないこと」を確認する
啓発的な経験をすることです。これは、各地域の支援機関が実施し
ています。ほとんどが無料ですが、受け入れ企業に対してお金を払
う自治体もあります。

製造メーカー D社のケース

　D社では3日間、障がい者の職場体験を受け入れ、事務作業を任
せました。企業は、事前に社内の仕事を準備しておき、体験期間中
に障がい者に業務を体験してもらいます。3日間の職場体験が終
わった後は「できること、できないこと」「ビジネスマナー」「意欲」
など定型の評価シートを用いて、D社が評価します。受け入れ企業
からの評価（他者からのフィードバック）と、障がい者自身の自己
評価を照らし合わせて、就職活動の次のステップにつなげることが
目的です。

　企業側にとっても、実際に障がい者と一緒に働き、時間を共にす
るため、障がい者理解に効果があります。特に「最初から本採用す

第4章

社内に障がい者を受け入れてみよう

るのは自信がない」「職場の人たちが理解しない」などの課題に対しては、職場体験の実施をおすすめしています。

職場体験の実施は、障がい者へ経験の場を一方的に提供するだけではありません。実施した企業にとっても、いわば「障がい者雇用のノウハウを得るための体験」として利用できるのです。本格的な障がい者雇用をスタートさせる前に、障がい者を受け入れる設備や体制を整えるためにも、実際に障害者と一緒に仕事を行うことができる職場体験を実施してみることをおすすめします。

運用のポイントは、事前に支援機関や学校の担当者に受け入れ現場に足を運んでもらい、直接確認してもらうことです。まずは現場の職務、環境、雰囲気などを理解してもらい、そのあとに会社に合う障がい者を紹介してもらうことで、受け入れ現場にとっても、体験する障がい者にとっても効果的な機会となります。

■「職場体験」を行うことで得られる企業側のメリット

自社でも雇えるという自信がつく

良い人材がいればスカウトすることを検討できる

社内の障がい者の受け入れに対する理解が深まる

障がい者を雇用した際の仕事の割り振りなどを想定できる

職場体験を行うことで得られるメリットを、雇用する際に活用する。

職場体験からの採用事例　E社

E社では、聴覚障がい者の女性Fさんに対して5日間の職場体験を実施しました。内容は、郵便物の仕分けや、ファイリング、データ入力などの一般事務です。Fさんは感音性難聴という障がいがあり、音をはっきりと聞き取ることができません。特に高い音の聞き取りが苦手です。当初、E社は聴覚障がい者ということで、Fさんはまっ

たく会話ができないと思っていました。しかし職場体験中に一緒に仕事をする中で、このFさんが思いのほか社員との連絡や日常の会話ができ、積極的にコミュニケーションを取る姿勢に周囲は感心します。さらには、電話応対も可能だったことに驚いたようです。

　体験終了後1週間ほどした頃に、筆者のもとにE社から連絡が来ました。「弊社に急な欠員が出たため、事務員を募集しています。そこで、Fさんが就職活動中なら、弊社に紹介していただけませんか」というスカウトの内容でした。すぐさま、Fさんに本件を連絡しました。Fさんは、思ってもいない吉報に大変喜び、ふたつ返事で入社しました。

　職場体験は本来、障がい者の職業体験を主たる目的としていますが、職場体験をすることによって自社に合う良い人材かどうかを判断でき、お互いの希望が合致すれば双方をマッチングするケースも多くあります。ぜひ、活用してみてください。

地域の支援機関に
足を運んでみる

企業の所在地に近い支援機関に足を運んでみることも、障が
い者を雇用するうえで大切なことです。支援機関に足を運ぶ
ことで得られるメリットを2つご紹介します。

実際に支援機関に行くメリット

　障がい者雇用について自分の目で確かめたい！　という採用担当
者の方には、最寄りのハローワークや学校などの支援機関に直接足
を運んでみることをおすすめします。実際に足を運ぶことで、大き
く分けて2つのメリットを得ることができます。

メリット1 「障がい者雇用の現状を知ることができる」

　企業の経営状況が常に変化するように、仕事を求めている人の状
況も常に変化しています。わずか数時間前までハローワークに登録
されていた人材が、改めてチェックしてみたら消えていた、という
こともよくあることです。求職中の障がい者数は健常者に比べては
るかに少ないので、こういった行き違いはさらに多くなります。

　そこで、「今」どんな人材がいるのかをチェックするため、こま
めに支援機関へ足を運ぶことが重要になってきます。

　ひとつ例をあげてみましょう。企業から「身体障がい者で、特に
配慮もいらず、パソコンや電話応対ができるスキルの高い方はいま
せんか？」というオーダーがあるとします。普段、筆者は「いませ
んよ」と即答していました。

　しかし2008年のリーマンショック直後は、外資系企業を中心に
リストラで退職を余儀なくされた障がい者が多く出ました。筆者が
当時担当していた外資金融の会社で働いていた障がい者も、やむな
く退職となってしまったのです。その方はPCスキルも高く、電話

応対や接客の感じも良く、「身体障がい者で、特に配慮もいらず、パソコンや電話応対ができるスキルの高い方」という企業のニーズに一致し、就職活動を始めるとすぐに引く手あまたで、前職を退職後、3週間で次の職場に転職が決まりました。

　これはある一人の女性の例ですが、その当時は、リストラで退職しているが、労働市場から見たときにスキルの高い人材が多かったという時期でした。この例のように、高スペックの人材はピンポイントのタイミングで現れることがあります。支援機関へこまめに足を運ぶことで高スペックの人材を雇用できるチャンスは増えるのです。

🌱 メリット2「支援機関との人間関係を構築できる」

　実際に足を運ぶことで得られるもう一つのメリットは、支援機関との連携が構築できることです。支援機関も「人」が運営しています。支援機関にも「登録している障がい者に就職してもらいたい」という思いがあるので、実際に足を運んでくれる企業の採用担当者は貴重な存在です。企業と支援機関との「信頼関係」ができると、支援機関の担当者も「この会社なら、何とか紹介したい」「いい求職者が登録していたから、すぐさま紹介したい」と思うものです。

　民間企業の営業活動と同様に、支援機関との密な関係をあらかじめ構築しておくことで、自社に合う人材を優先的に紹介してもらえる土台を作っておきましょう。

　筆者が実際にお世話になっている「ユニクロ」や「アルペン」などは、支援機関を自社の社外資源としてうまく付き合い、活用している成功パターンです。支援機関と緊密な関係を結び、社外の専門家として上手にお付き合いしてください。

採用活動の方法を知る

障がい者を対象とした採用活動は、ハローワークを通じた募集が一般的ですが、それ以外にもいくつか方法があります。本書では8種類の採用活動の方法を紹介します。

🌱 募集活動を行う8つの方法

採用活動の際は、どこに募集情報を出しますか？ 最初にハローワークを思い浮かべる方が多いと思いますが、募集をかける媒体はほかにもあります。まずは、募集をかける媒体を紹介していきます。

■募集・採用活動のポイント

募集活動
- ○ハローワーク
- ○一般の学校（大学、高校、専門学校）
- ○特別支援学校（身体障がい・知的障がい・
　聴覚障がい・視覚障がい）
- ○障害者職業能力開発校
- ○地域の支援機関
- ○民間人材紹介会社
- ○新聞
- ○広報誌

採用活動
- ○面接
- ○雇用契約
- ○職場体験やインターンシップ
- ○人的支援制度（ジョブコーチ）

POINT
- ●面接・採用は個別対応
- ●面接では、わからないことは本人に直接、具体的に聞く
  - ・同じ障害でも、障がいが発生した時期や程度によってサポートは異なる
    - （例）知的障がい：わかりやすい言葉で話す
    - （例）聴覚障がい：本人と話す（手話通訳者と話すわけではない）
  - ・興味本位の質問はNG
- ●障害者手帳のコピーでも確認する

①ハローワーク

　ハローワークでは、健常者の求人募集とは別に、障がい者雇用専門の部門があります。ハローワークは無料で、平成30年度は新規で約21万人が求職申込みをしています。障がい者、健常者にかかわらず、求職者の登録数はあらゆる支援機関の中で最多なので、より多くの人材と面接したい場合はおすすめです。また、ハローワークのインターネットサイト内では、障がい者求人がインターネットで検索可能になりました。社名など非公開情報などもありますが、求人情報が公開されていますので、確認してみてください。

■ハローワークのホームページ

「ハローワークインターネットサービス（https://www.hellowork.go.jp/index.html）」ではインターネットから障がい者の求人情報などを検索することができる。

②特別支援学校

　「特別支援学校」は、視覚障がい、聴覚障がい、知的障がい、肢体不自由、病弱（身体虚弱を含む）、発達障がいなどの障がいがある学生専用の学校です。平成19年以前は盲学校、聾学校、養護学校と呼ばれていた学校です。いわゆる一般教育に加えて、障がい者特性に応じた訓練や生活指導、そして就職指導も実施しています。年齢によって幼稚部、小学部、中学部、高等部に分かれています。

　平成30年度の高等部における卒業生の就職先を職種で分析してみると、生産工程従事者23.3％、サービス業従事者22.0％、運搬・清掃従事者21.2％と、この3つの業種が就職先の全体の半分以上を占めています。

　また、知的障がい者における高等部の卒業生に絞って分析すると、ベスト3は、サービス業従事者1432人（22.6％）、生産工程従事者1426人（22.5％）、運搬・清掃等従事者1413人（22.3％）となっており、この3業種の合計採用数が全体の約70％を占めています。4位の販売業従事者は875人で、障がい者を受け入れやすい業種として、多くの求職者の受け入れ先となっています。

　多くの特別支援学校が職場体験やインターンメニューを持っているため、企業側は実習を通じて採用の見極めをするのが一般的なパターンとなっています。学校側も、学生の就職先やインターンシップ受け入れ先を探しているので、学校の指導担当者に「インターンの受け入れをしたい」と申し入れると歓迎されます。

■特別支援学校高等部卒業生の就職実績（平成30年度）

	就職者	割合
知的障がい	6,338	93.8%
聴覚障がい	192	2.8%
肢体不自由	111	1.6%
病弱・身体虚弱	72	1.1%
視覚障がい	47	0.7%
計（人）	6,760	

実習は雇用ではないため、万が一に備えて実習生徒にかける傷害・損害賠償保険などについては学校または各支援機関が加入しており、企業に負担がないよう考慮されています。また、実習後は必ず採用しなければならないという義務もありません。全国各地域に特別支援学校があるので、学校の指導員に実習を予定する現場に来てもらい、直接目で見て、理解を得てからインターンシップなどを実施すると、自社の業務内容にマッチした学生に出会いやすくなります。

③一般の学校

　前述の特別支援学校とは別に、一般の大学、専門学校、高校などから紹介してもらい、採用することもできます。特別支援学校と同様、学校側も卒業生の就職先を探すことに懸命です。令和元年度の大学、短期大学（部）及び高等専門学校の障がい学生数は3万7647人で、前年度（3万3812人）より3835人増となっており、全学生（321万人）に占める障がい学生の在籍率は1.16％です。これは、あくまで学校側が健康診断、自己申告等で把握できている数字です。実際にはもっと多くの障害者手帳を持った学生が在籍しています。特に、精神障がいや発達障がいなどの、目に見えず、本人に病識のない障がいがある学生も多くいます。

　在籍数は前述の特別支援学校に比べると少なく感じるかもしれませんが、それでも、把握できる限りで3万7000人を超える障がい者が在籍しています。そのうち約3万3000人は大学生なので、約90％となっています。会社の所在地に大学がある場合は、そちら

■一般の学校に通う障がいがある学生数（令和元年5月時点）

一般学校の種類	障がいがある学生数	総学生数
大学	33,683	3,214,814
短期大学	1,845	130,213
高等専門学校	2,119	57,020
計（人）	37,647	3,214,814

で求人を行うのも良い方法です。

　ただし高校の場合は、学校教育法によってハローワークを通じた求人に限定される場合がありますので、ご確認ください。

　また、障がい者別のデータを見てみると、大学・短大では、病弱・虚弱、精神疾患・精神障がい者、発達障がい、肢体不自由の順に多くなっています。高等専門学校では発達障がいが848名ともっとも多く、40％を占めています。ほかの障がいが少ないのは、前述した特別支援学校に入学しているケースが多いからです。

　最近、各大学では卒業後の就職事情が学生集めのカギとなっています。筆者も同様に、発達障がい者の支援方法や、親御さんへの就職支援に関する講演の依頼が増えています。新卒者や若い人は、職業観が比較的希薄なため社会人としての基礎育成に時間とエネルギーを使いますが、先入観が少ないので、受け入れる側の企業と方向性を合わせて育成しやすいため、新卒の障がい者を好む会社も多くあります。

④障害者職業能力開発校

　これは、国や都道府県が運営している、就職したい障がい者のための訓練校です。全国に19か所あり、この学校に入るには試験を通る必要があります。

　筆者の地元である大阪を例にご紹介しますと、身体障がい者、知的障がい者、精神障がい者、発達障がい者の4つに対象を分けて、就職活動の準備に加え、実践的な事務職やCAD（設計）などのスキルを習得するためのトレーニングをしています。学校見学もでき、企業に対してもオープンにしているので、ぜひ足を運んでみてください。障がい者の訓練風景から、実際に自社で仕事をする様子をイメージすることができます。

⑤人材紹介会社を活用する

　人材紹介会社にオーダーする方法もあります。人材紹介会社とは、民間の職業紹介機関で、企業の求人案件に対して、最適な求職者を紹介する会社です。紹介料の支払いは、採用が決定して初めて発生する成果報酬制がメインとなっています。理論年収（採用年度当初の予想収入：12か月分の給与＋ボーナス）の30〜35％を支払う方式が一般的です。仮に年収300万円なら、300万円×（30〜35％）＝90〜105万円となります。

　人材紹介会社を活用するメリットは、企業の求める条件に合った人材を選び出し、提案・紹介してくれることにあります。まずは、人材担当者のきめ細かなヒアリングから始まり、会社の状態や欲しい人材ニーズを聞いたうえで求人票を作成します。その後、非公開で、登録している障がい者の中から企業ニーズにマッチした人に仕事を紹介します。そこで、本人が希望すれば依頼者に紹介してもらえます。有料にはなりますが、「非公開で自社に合う人材を採用したい」「採用面接に時間がかけられない」といった企業などの場合はおすすめです。

 ## 人事部門から受け入れてみよう　COLUMN

　人事部門が障がい者雇用を実施していれば、他の部署や社員に障がい者雇用を勧める際に、説得力があります。

　まず、人事部門の目が届く、フォローできる部署で仕事をしてもらいます。これによって、人事部門が直接、その障がい者の「できること・できないこと」や適性、今後の育成方法などを見極めることができます。そして、人事部門がある程度の個別状況を見極めたあとに、再度職務設計を実施したり、フォローしたりすることで、配属後の受け入れ部門も雇い入れた障がい者も双方とも安心できます。

■国立の障害者職業能力開発校一覧（令和2年度現在）

名称	所在地・電話番号・FAX番号	訓練科目
北海道障害者職業能力開発校	〒073-0115 砂川市焼山60 Tel 0125-52-2774 Fax 0125-52-9177	建築デザイン、総合ビジネス、総合実務、CAD機械、プログラム設計
宮城障害者職業能力開発校	〒981-0911 仙台市青葉区台原5-15-1 Tel 022-233-3124 Fax 022-233-3125	パソコン実務、パソコン基礎、デジタルデザイン、OAビジネス、情報システム、総合実務
中央障害者職業能力開発校 (国立職業リハビリテーションセンター)	〒359-0042 所沢市並木4-2 Tel 042-995-1711 Fax 042-995-1052	機械製図、電子機器、テクニカルオペレーション、建築設計、DTP・Web技術、OAシステム、経理事務、OA事務、職域開発、職業実務
東京障害者職業能力開発校	〒187-0035 小平市小川西町2-34-1 Tel 042-341-1411 Fax 042-341-1451	就業支援、職域開発、調理・清掃サービス、オフィスワーク、ビジネスアプリ開発、ビジネス総合事務、グラフィックDTP、ものづくり技術、建築CAD、製パン、実務作業、OA実務
神奈川障害者職業能力開発校	〒252-0315 相模原市南区桜台13-1 Tel 042-744-1243 Fax 042-740-1497	CAD技術グラフィックデザイン、ITチャレンジ、ビジネスサポート、ビジネスキャリア、ビジネス実務、サービス実務、総合実務
石川障害者職業能力開発校	〒921-8836 野々市市末松2-245 Tel 076-248-2235 Fax 076-248-2236	機械CAD、電子機器、陶磁器製造、OAビジネス、実務作業、キャリア・マネジメント
愛知障害者職業能力開発校	〒441-1231 豊川市一宮町上新切33-14 Tel 0533-93-2102 Fax 0533-93-6554	ITシステム、OAビジネス、CAD設計、デザイン、総合事務
大阪障害者職業能力開発校	〒590-0137 堺市南区城山台5-1-3 Tel 072-296-8311 Fax 072-296-8313	OAビジネス、CAD技術、Webデザイン、オフィス実践、ワークサービス、職域開拓、Jobチャレンジ
兵庫障害者職業能力開発校	〒664-0845 伊丹市東有岡4-8 Tel 072-782-3210 Fax 072-782-7081	インテリアCAD、OAシステム、情報ビジネス、OA事務、グラフィックアート、総合実務

名称	所在地・電話番号・FAX番号	訓練科目
吉備高原障害者職業能力開発校 (国立吉備高原職業リハビリテーションセンター)	〒716-1241 加賀郡吉備中央町吉川7520 Tel 0866-56-9000 Fax 0866-56-7636	機械CAD、電気・電子技術・CAD、組立・検査、資材管理、システム設計・管理、ITビジネス、会計ビジネス、OAビジネス、オフィスワーク、物流・組立ワーク、サービスワーク、事務・販売・物流ワーク、厨房・生活支援サービス
広島障害者職業能力開発校	〒734-0003 広島市南区宇品東4-1-23 Tel 082-254-1766 Fax 082-254-1716	OA事務、事務実務、総合実務、CAD技術、情報システム、Webデザイン
福岡障害者職業能力開発校	〒808-0122 北九州市若松区大字蜑住1728-1 Tel 093-741-5431 Fax 093-741-1340	機械CAD、プログラム設計、商業デザイン、OA事務、建築設計、流通ビジネス、総合実務
鹿児島障害者職業能力開発校	〒895-1402 薩摩川内市入来町浦之名1432 Tel 0996-44-2206 Fax 0996-44-2207	情報電子、グラフィックデザイン、建築設計、義肢福祉用具、OA事務、アパレル、造形実務

第**4**章

社内に障がい者を受け入れてみよう

■府県立の障害者職業訓練施設一覧

名称	所在地・電話番号・FAX番号	訓練科目
青森県立障害者職業訓練校	〒036-8253 弘前市緑ケ丘1-9-1 Tel 0172-36-6882 Fax 0172-36-7255	デジタルデザイン、OA事務、作業実務
千葉県立障害者高等技術専門校	〒266-0014 千葉市緑区大金沢町470 Tel 043-291-7744 Fax 043-291-7745	DTP・Webデザイン、福祉住環境・CAD、PCビジネス、職域開拓基礎実務、短期実務
静岡県立あしたか職業訓練校	〒410-0301 沼津市宮本5-2 Tel 055-924-4380 Fax 055-924-7758	コンピュータ、機械操作、加工組立、流通・環境
岐阜県立障がい者職業能力開発校	〒502-8503 岐阜市学園町2-33- Tel 058-201-4511 Fax 058-231-3760	基礎実務科、OAビジネス、Webデザイン
京都府立京都障害者高等技術専門校	〒612-8416 京都市伏見区竹田流池町121-3 Tel 075-642-1510 Fax 075-642-1520	総合実務、オフィスビジネス、キャリア・プログラム、生産実務
兵庫県立障害者高等技術専門学院	〒651-2134 神戸市西区曙町1070 Tel 078-927-3230 Fax 078-928-5512	ものづくり、ビジネス事務、情報サービス、総合実務、食品流通

■民間人材紹介会社による紹介の流れ

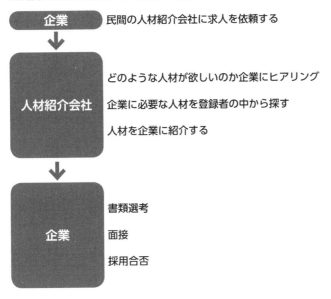

企業　民間の人材紹介会社に求人を依頼する

人材紹介会社　どのような人材が欲しいのか企業にヒアリング

企業に必要な人材を登録者の中から探す

人材を企業に紹介する

企業　書類選考

面接

採用合否

⑥新聞・求人媒体を活用する

　地域の新聞や求人媒体・求人サイトでも、障がい者求人を広告して広く募集できます。また、一般求人を募集する際にも多く活用されますが、地域に根ざした広報紙や新聞折り込みがあります。掲載費用は掲載枠の大きさや媒体によってさまざまです。ただし、毎年7月1日〜9月30日までは「障がい者雇用支援キャンペーン」として、無料で求人をしている媒体もあります。求人を予定している企業は、無料で多くの障がい者に認知してもらえますので、これをぜひとも活用してください。

　詳しくは全国求人情報協会のホームページ（http://www.zenkyukyo.or.jp/）で確認してください。

■「障がい者雇用支援キャンペーン」のパンフレット

全求協障がい者雇用ハンドブック

障がい者雇用を考えてみませんか

~はじめての募集から雇用・定着まで~

INDEX

Q. 障がい者を雇用したいのですが、
　　まず何から始めたら良いでしょう？
Q. どんなしごとを任せたらいいのでしょうか？
Q. 施設や設備など、受け入れのための準備は？
Q. 募集段階や面接のときに気をつけることは？
Q. 定着して力を発揮してもらうには？

全国求人情報協会では2014年7月から9月まで、会員の求人メディアが
障がい者雇用を応援するキャンペーンを実施しています。

全国求人情報協会

全国求人情報協会の企業向け障がい者雇用支援キャンペーンページ
（http://www.zenkyukyo.or.jp/hindrance/company.php）参照。

⑦面接会

　集団面接会はハローワークや各都道府県で年間を通して実施されています。筆者が実施していた大阪府の例を紹介すると、25社の合同面接会に毎回200名の求職者が参加しています。

　短期間に集中して多くの障がい者を採用したい場合は、おすすめです。

⑧自社のホームページ

　自社のホームページに障がい者採用ページを設けて募集するのも一つの方法です。求職中の障がい者から問い合わせがあり、面接、採用できれば、金銭的な負担はありません。ただし、広報紙同様に公開求人となるため、応募者の事前選別はできません。また、人材会社や支援機関からの問い合わせや働きかけが増えるでしょう。

目的に合わせていろいろなツールを使い分けよう

　無料の採用活動を望むなら、ハローワークやさまざまな学校に求人を出しましょう。有料なら人材紹介の広報紙を利用すると便利です。公開で多くの障がい者と会って、自社に合う人材を見極めたい場合は、面接会やハローワークがおすすめです。

助成金を活用する

企業は障がい者を雇用する際、助成金を得られるケースがあります。利用できる助成金を知り、上手に活用しましょう。

🌱 利用できる助成金の種類を知ろう

　障がい者を雇用する際には、厚労省からの助成金を利用することができます。特に多く利用されるのが、「特定求職者雇用開発助成金」と「トライアル雇用奨励金」です。

　注意しなければならないのは、助成金を申請し認められるにはさまざまな条件があるということです。申請の際は、その条件をしっかり確認してください。なお、広報や自社HP、縁故などの採用では利用できません。

🌱 特定求職者雇用開発助成金

　特定求職者雇用開発助成金は、ハローワークや人材会社、公共機関などの職業紹介事業所届けをしている事業所を経由して雇用した際に申請できます。申請後に審査があり、認可が必要となりますのでご注意ください。

　例えば、中小企業が軽度の身体障がい者を新規雇用し、この助成金の申請が通った場合は、2年で最高120万円の助成金を受け取ることができます。

　ただし、過去に会社の都合での退職者がいたり、採用した人が転職者だったりする場合は申請が通らないこともあります。なお、支給要件等が変更される場合がありますので、都道府県労働局またはハローワークに確認してください。

■厚生労働省ホームページ　特定求職者雇用開発助成金（特定就職困難者コース）

https://www.mhlw.go.jp/stf/seisakunitsuite/bunya/koyou_roudou/koyou/kyufukin/tokutei_konnan.html

■支給額

対象労働者		支給額		助成対象期間	
		中小企業	中小企業以外	中小企業	中小企業以外
短時間労働者以外の者	①高年齢者（60歳以上65歳未満）、母子家庭の母等	60万円	50万円	1年	1年
	②重度障害者等を除く身体・知的障害者	120万円	50万円	2年	1年
	③重度障害者等※1	240万円	100万円	3年	1年6か月
短時間労働者※2	④高年齢者（60歳以上65歳満）、母子家庭の母等	40万円	30万円	1年	1年
	⑤重度障害者等を含む身体・知的・精神障害者	80万円	30万円	2年	1年

（※1）「重度障害者等」とは、重度の身体・知的障害者、45歳以上の身体・知的障害者及び精神障害者をいいます。

（※2）「短時間労働者」とは、一週間の所定労働時間が、20時間以上30時間未満である者をいいます。

申請は最寄りの労働局もしくはハローワークの窓口で行うこと（令和2年1月現在）。

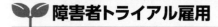

障害者トライアル雇用

　障害者トライアル雇用は、ハローワークまたは民間の職業紹介事業者等の職業紹介で原則3か月間の試行雇用（トライアル雇用）を行うことにより、対象となる労働者の適性や業務遂行の可能性などを実際に見極めたうえで、トライアル雇用終了後に企業側と求職者側の両者が合意すれば本採用が決まるという制度です。

　なお、契約の3か月後に本採用にならない場合は期間満了となり、その場合、解雇や会社の都合による退職にはなりません。

●助成金

　企業は一定の要件を満たせば、当該試行雇用期間に対応して、対象労働者1人あたり月額最大4万円（3か月最大12万円）の助成金を受け取ることができます。

　また、精神障害者を雇用する場合、月額最大8万円（最大8万円を3か月、その後4万円を3か月）の助成金を受けることができます。

　なお、精神障害者は原則6 〜 12か月間トライアル雇用期間を設けることができます。ただし、助成金の支給対象期間は6か月間に限ります。

●障害者短時間トライアル雇用

　直ちに週20時間以上勤務することが難しい精神障がい者や発達障がい者を3 〜 12か月の有期雇用（週労働時間10時間以上20時間未満）で雇い入れ、仕事や職場への適応状況を見ながら徐々に就労時間を延長し、週20時間以上の勤務を目指すものです。

　この期間中は、精神障がい者、発達障がい者１人につき月額最大4万円が支給（最長12か月間）されます。

その他の助成金

　ほかにもさまざまな助成金があります。活用できる助成金がある
場合は、積極的に取り入れていきましょう。

●**特定求職者雇用開発助成金（発達障害者・難治性疾患患者雇用開発コース）**

　発達障がい者または難治性疾患患者をハローワークなどの紹介に
より雇い入れ、継続して雇用する労働者として新たに雇い入れた場
合、事業主に50万円（中小企業の場合120万円）が支給されます。

●**障害者初回雇用奨励金（ファースト・ステップ奨励金）**

　障がい者の雇用経験のない中小企業において、初めて障がい者を
雇用し法定雇用率を達成した場合に、120万円が支給されます。

●**中小企業障害者多数雇用施設設置等助成金**

　障がい者の雇い入れにかかわる計画を作成し、当該計画に基づき、
障がい者を10人以上雇用するとともに、障がい者の雇い入れに必
要な事業所の施設・設備等の設置・整備を行う中小企業事業主に対
し、当該施設・設備等の設置等に要した費用に応じて1000万〜
3000万円が支給されます。

●**障害者雇用安定助成金（障害者職場定着支援コース）**

　障がい特性に応じた雇用管理・雇用形態の見直しや柔軟な働き方
の工夫等の措置を講じる事業主に対して助成するものであり、雇用
を促進とともに、職場定着を図ることを目的としています。

　下記7つの措置を講じる場合に受給することができます。

■障害者雇用安定助成金（障害者職場定着支援コース）

	対象となる職場定着に係る措置	措置の概要
1	柔軟な時間管理・休暇取得	通院による治療等のための有給休暇の付与、勤務時間の変更等の労働時間の調整を行う
2	短時間労働者の勤務時間延長	週所定労働時間が20時間未満の労働者を20時間以上に、30時間未満の労働者を30時間以上に延長すること
3	正規・無期転換	有期契約労働者を正規雇用や無期雇用に、無期雇用労働者を正規雇用に転換すること
4	職場支援員の配置	障害者の業務の遂行に必要な援助や指導を行う職場支援員を配置すること
5	職場復帰支援	中途障害等により休職を余儀なくされた労働者に対して、職場復帰のために必要な職場適応の措置を行い、雇用を継続すること
6	中高年障害者の雇用継続支援	中高年障害者に対して、雇用継続のために必要な職場適応の措置を行い、雇用を継続すること
7	社内理解の促進	雇用する労働者に対して、障害者の就労の支援に関する知識を習得させる講習を受講させること

上記以外にも各措置によって要件があります。詳しくは各措置のページをご覧ください。

■その他の障がい者雇用における各種助成金の内容

	助成金	内容
1 Ⅰ Ⅱ	障害者作業施設設置等助成金 第1種作業施設設置等助成金 第2種作業施設設置等助成金	障がい者を常用労働者として雇い入れるか継続して雇用する事業主で、その障がい者が障がいを克服し作業を容易に行えるよう配慮された施設または改造等がなされた設備の設置または整備を行う（賃借による設置を含む）場合に、その費用の一部を助成するもの。
2	障害者福祉施設設置等助成金	障がい者を継続して雇用している事業主または当該事業主の加入している事業主団体が、障がい者である労働者の福祉の増進を図るため、保健施設、給食施設、教養文化施設等の福利厚生施設の設置または整備する場合に、その費用の一部を助成するもの。

助成金	内容
3　障害者介助等助成金 Ⅰ　職場介助者の配置助成金 Ⅱ　職場介助者の委嘱助成金 Ⅲ　職場介助者の配置の継続 　　措置に係る助成金 Ⅳ　職場介助者の委嘱の継続 　　措置に係る助成金 Ⅴ　手話通訳・要約筆記等 　　担当者の委嘱助成金 Ⅵ　障害者相談窓口担当者の 　　配置助成金 Ⅶ　健康相談医師の委嘱 　　助成金 Ⅷ　職業コンサルタントの 　　配置助成金 Ⅸ　職業コンサルタントの 　　委嘱助成金 Ⅹ　在宅勤務コーディネー 　　ターの配置助成金 Ⅺ　在宅勤務コーディネー 　　ターの委嘱助成金 Ⅻ　業務遂行援助者の配置 　　助成金	障害者を労働者として雇い入れるか継続して雇用している事業主が、障害の種類や程度に応じた適切な雇用管理のために必要な介助等の措置を実施する場合に、その費用の一部を助成するものです。
4　障害者雇用安定助成金 （障害者職場適応援助コース）	職場適応・定着に特に課題を抱える障害者に対して、職場適応援助者による支援を実施する事業主に対して助成するものであり、障害者の職場適応・定着の促進を図ることを目的としています。 本助成金は、対象労働者の職場適応のために（独）高齢・障害・求職者雇用支援機構地域障害者職業センター（以下「地域センター」という。）が作成または承認する支援計画において必要と認められた支援を、訪問型職場適応援助者または企業在籍型職場適応援助者に行わせた場合に受給することができます。

113

助成金	内容
5 重度障害者等通勤対策助成金 Ⅰ 重度障害者等用住宅の賃借助成金 Ⅱ 指導員の配置助成金 Ⅲ 住宅手当の支払助成金 Ⅳ 通勤用バスの購入助成金 Ⅴ 通勤用バス運転従事者の委嘱助成金 Ⅵ 通勤援助者の委嘱助成金 Ⅶ 駐車場の賃借助成金 Ⅷ 通勤用自動車の購入助成金	重度身体障害者、知的障害者、精神障害者または通勤が特に困難と認められる身体障害者を雇い入れるか継続して雇用している事業主、またはこれらの重度障害者等を雇用している事業主が加入している事業主団体が、これらの障害者の通勤を容易にするための措置を行う場合に、その費用の一部を助成するものです。
6 重度障害者多数雇用事業所施設設置等助成金	重度身体障害者、知的障害者または精神障害者を多数継続して雇用し、かつ、安定した雇用を継続することができると認められる事業主で、これらの障害者のために事業施設等の設置または整備を行う場合に、その費用の一部を助成するものです。
7 人材開発支援助成金 （障害者職業能力開発コース）	障害者の職業に必要な能力を開発、向上させるため、一定の教育訓練を継続的に実施する施設の設置・運営を行う事業主又は事業主団体に対してその費用を一部助成することにより、障害者の雇用促進や雇用の継続を諮ることを目的としています。 本助成金は、「対象となる事業主等」に該当する事業主等が、「訓練対象障害者」について、厚生労働大臣が定める教育訓練の基準に適合する「障害者職業能力開発訓練事業」を行うために「訓練の施設または設備の設置・整備または更新」をする場合または「障害者職業能力開発訓練事業」を行う場合に受給することができます。

いくつかの支給要件がありますので、各助成金の詳細及び相談や申請の受付は、
最寄りの高齢・障害・求職者雇用支援機構へ問い合わせること。

第5章

採用面接での
ポイントを知ろう

採用面接のポイント

障がい者を雇用するにあたり、健常者と同様、面接を行います。面接で自社に合う人材かどうかを見極める際、ポイントとなることを紹介します。

面接は一人ひとりを見る

企業の人事採用担当者から「面接で何を聞いたらいいか？」「聞いたらいけない質問はあるか？」などとよく聞かれます。

本来、雇用契約とは「労働力の売買契約」ですので、原則は健常者と同じように一人ひとりを見て、自社に合う人材かどうかを見極めるための面接となります。ここでは、障がい者を雇用する際に行う面接時に、ポイントとなる点をお伝えします。

本人の就職したい意欲の確認

ごく当たり前のことですが、まず、障がい者本人の就労に対する意欲を確認することが必要です。

なぜならば、民間企業が行うのはビジネス活動であり、福祉活動ではありません。企業の目的は顧客の創造、そして、社会に貢献し

■障がい者の面接で自社に合う人材か見極めるポイント

3つのポイントを押さえて面接すれば、自社にマッチした人材が見つかりやすい。

収益を上げることです。福祉活動が目的の主体ではないため、「本当に働きたい」という意欲の確認は必要不可欠です。

　注意すべきケースは、本人の就労意欲が低いにもかかわらず、周囲の人間が就職させたい一心で面接を受けさせてくる場合です。支援者や学校の先生などが同席してきた場合でも、必ず本人から、就職する意思と働く意欲の有無を確認することが重要です。

　採用面接時は良い印象だったとしても、雇用後に障がい者本人の仕事をする意欲が低いと、職場に定着せずに離職してしまうケースにもつながります。障がい者本人の就労意欲を確認するようにしましょう。

就労準備ができているかを確認する

　社会生活に慣れていない、もしくは仕事の経験の少ない障がい者の中には、規則正しい生活リズムができていない、または挨拶やマナーなどが身についていないといった方もいます。これらの点は、健常者と同様にチェックすることが必要です。

　参考に、支援者が障がい者の就労を支援する際に活用する「就労準備性ピラミッド」を紹介します。就労準備性ピラミッドとは「働く準備、働き続ける準備ができているか」を図であらわしたもので

■就労準備性ピラミッド

❺職業適性

❹基本的労働習慣

❸社会生活能力・対人能力

❷日常生活管理・基本的な生活のリズム

❶心と身体の健康管理（病状管理）

高齢・障害・求職者雇用支援機構より引用

す。

❶心と身体の健康管理（病状管理）

　上記ピラミッドの一番基礎になるもので、自分の病状・障がいを認識し、不調サインに気づけるか、管理できるかなどの健康管理や日常生活の体調管理、服薬管理ができているかを確認します。

❷日常生活管理・基本的な生活のリズム

　朝起きて定時出勤ができるか、食事や睡眠などの基本的な生活リズムや金銭（お小遣い）の管理ができているか、出勤日以外の休日などの余暇を有意義に過ごせているかなどをチェックします。

❸社会生活能力と対人能力

　感情をコントロールする、自分の意思を相手に伝える、身だしなみを整えるなど、人とかかわる際に必要な能力があるかどうかをチェックします。

❹基本的労働習慣

　勤務できる体力・集中力がある、挨拶や返事、報告・連絡・相談ができる、職場でのルールやビジネスマナーが身についているかどうか、をチェックします。

❺職業適性

　仕事を行う職業能力や適性をいいます。職務への適性、業務処理能力、作業スピード、持続力などがあるかどうかをチェックします。障がい者の場合、実際に就労してみないとわからない場合も多いのすが、健常者と同様、面接でのコミュニケーションである程度推し量ることが必要です。

　上記にある❶〜❺のうち、❶〜❸は、採用後に社内でフォローしたり、育成したりすることが非常に難しいものがあります。❶〜❸の条件にマッチしない候補者を採用する場合は、支援機関を活用することが重要です。

　これらの就労準備は、障がいの有無に関係なく、働く以上は必ず必要となる条件ですので、厳正にチェックしてください。

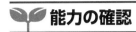 **能力の確認**

　障がい者本人に「できること」「できないこと」「配慮してほしいこと」の3つを確認しましょう。

　障がい者には、障がいがあるゆえに「できないこと」があります。障がいによってできないことは人によってさまざまです。そして、会社に配慮してほしいこともあります。

　過去に職歴のある方の場合、前職や職務経歴を聞くとわかりやすいので、参考に聞いてみてください。応募者自身も自分の特徴を理解できていない状態では、職場に入ってからの不適応やミスマッチが起きかねませんし、会社側も配慮ができません。「自分自身を知ること」を支援者の専門用語では「自己理解」または「病識」という言い方をしています。障がい者が自分自身の特徴を言語化して伝えられないと、一緒に働く同僚や仲間には当然わかりませんし、お互いに理解することが難しくなります。

　とは言うものの、「自己表現ができない」「発語ができない」「言語説明ができない」などの障がい特性がある場合、自分の言葉で説明することは非常に難しいのです。その際は家族や支援者に聞き、必ず確認しておきましょう。

　具体例をあげると、筆者の部下の知的障がい者は「一度に複数の指示があると、優先順位がわからない」「臨機応変な対応、判断ができない」傾向があります。したがって、受け入れる際には、「優先順位を決めて仕事を渡す」「咄嗟の対応を必要とする仕事は渡さない」などの「配慮事項」が明確になります。

　障がい者雇用では、健常者に比べて特に「できること」「できないこと」の明確化、可視化が必要です。

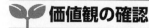# 価値観の確認

　価値観とは「仕事をするうえで大切にしたいこと」です。「どうしてこの仕事を選んだのか？」「どうしてこの会社を選んだのか？」「やりがいを感じるのはどんなときか？」等、障がい者本人の価値観は就職する意欲ややりがいにも関係しますので、しっかりと確認しましょう。

　現在は仕事に対する価値観が多様化しているため、「生活のために仕事をしたい」「人の役に立ちたい」「自分のスキルを活かしたい」など、一般的な動機のほかにもいろいろな動機を持ち、それを正直に口にする人がいます。こうした価値観や動機をしっかりと分析し、そのうえで「自社の仕事にマッチするか」「職場の風土や雰囲気に合うか」などを比較し、採用を検討するための材料にしてください。

障がいについての確認における注意点

　障がいの状況などについて、興味本位で尋ねるのは厳禁ですが、仕事を任せるうえで必要な条件であれば、確認しないわけにはいきません。

　例えば、事務職の求人に、聴覚障がい者が応募してきたとします。この場合、「電話応対はできますか？」「どの程度の音を聞き分けられますか？」と確認しないわけにはいきません。企業は雇用した従業員に対し、支払う賃金に見合った労働力を提供してもらえなければ困るわけですから、当然、確認が必要なのです。

　しかし、目的以外の興味本位で障がいについて聞くことは、言うまでもありませんがやめてください。自分の障がいについて気軽に話す人もいれば、自分の障がいのことについて話したくない方、うまく説明できない方もいます。採用面接に関係なく聞いたり、面接官の興味本位で聞いたりしない配慮が必要です。

　筆者たち支援者は「障がい受容」と呼んでいますが、「障がい者

であること」「中途障がいになること」を一生の問題と感じて、悩み、生きづらさを抱える障がい者も多くいます。

障がいはそれほど個人にとってセンシティブな問題ですが、人によっては障がいについて聞かれても、あまり気にしない障がい者もいます。どちらにしろ、障がいについて聞くときは、聞く理由と同意が必要ですので、仕事に必要という目的で、ヒアリングをしてください。

さらに、雇用前に治療の内容・通院の頻度・服薬の状況なども確認してください。会社には使用者責任や安全配慮義務もあるので、この点は必ず確認しましょう。詳細は厚生労働省が出している「プライバシーに配慮した障がい者の把握・確認ガイドライン」の概要を参照してください。

成功している企業が面接で確認している事項

下記の面接時の確認事項は、筆者が全国でいろいろな会社とお付き合いをしてきた経験をもとにまとめたものです。障がい者雇用で成功している企業が面接で確認している項目なので、ぜひ参考にしてみてください。能力面よりも、障がい者本人の意欲や就労準備を優先している傾向があります。

■面接の際の主な確認事項

□就労意欲の高さ

□自分のできること、できないことを把握しているか？

□自分の体調とその管理方法について理解しているか？

□社会性のスキル（規則正しい生活、睡眠や食事、報告、連絡、相談）

□支援機関がついているか？（不必要な人もいます）

□働く仲間として（協調性）

□自分で通勤できるなど

障がい別の面接ポイントの紹介

障がいには多くの種類があるため、種別によって面接時の注意点も変わってきます。本節ではケース別に、面接時のポイントを紹介します。

知的障がい者にはわかりやすい表現で質問する

知的障がい者は主に知能の発達の遅れがあるため、面接中や筆記試験などにおいて、人事担当者が意図した質問や問題の意味を理解できない場合があります。そこで、面接時、筆記試験時では以下の2点に注意しましょう。

●面接中の質問

知的障がい者の中には、自分の感情や意見を言葉で表現するのが苦手な方も多く、少しずつ成長するものの、臨機応変な対応や瞬時の判断が苦手なケースが多いのです。そのため、面接官の質問の言葉や意味がわからず、面接が進まない場合があります。質問したあとの反応が悪い場合や、質問に関する答えが返ってこない場合は、わかりやすい言葉で言い換えて、障がい者が理解できているかどうかを確認しましょう。

具体的には、「志望動機を教えてください」という質問の仕方では、「志望動機」という言葉の意味がわからない場合があります。そのような場合は「どうして、この会社に応募したのですか？」「どんな仕事がしたいですか？」などと言い換えを行ってください。

ほかにも、「起床時間は何時ですか？」と質問したにもかかわらず、質問に対する回答になっていないなど、正しく反応していない場合は、「朝は何時に起きますか？」とわかりやすい表現で質問してみましょう。

●筆記試験や適性検査

　採用面接で適性診断やテストをすること自体に問題はありませんが、筆記試験や適性検査だけで採否を決めることはおすすめはできません。知的障がい者の中には、「文章の意味が分からない」「文脈や行間を読めない」などのケースがあります。また、質問や問題の意味を理解することができない場合も多く、低い結果が出てしまいます。しかし、この結果だけをもとに判断することは機会損失につながるということを、頭に入れておいてください。

聴覚障がい者には本人の意思を確認し、コミュニケーションをとる

　聴覚障がい者との面接時のポイントは2つあります。

●障がい者本人を中心に面接を進める

　聴覚障がい者に対する面接には、手話通訳者が同席する場合があります。その際は、企業の面接官が手話通訳者を介して応募者と面談することになります。そこで気を付けてほしいのは、大切なのは「応募者本人と話をすること」で、手話通訳者はあくまで応募者のサポートで来ているだけ、ということです。

　面接の主体者、そして採用面接が進んだ際に雇用契約を結ぶのは、聴覚障がい者本人です。必ず本人の意欲や意志を確認して面接を進めてください。

●コミュニケーション手段を事前に確認する

　聴覚障がいは「コミュニケーション障がい」とも言われます。口話など、会話のやりとりが必ずしもできるとは限りません。まずは、事前に面接時のコミュニケーションの手段を確認しておきましょう。そこで、筆談や書類での説明、また小さなホワイトボードや筆記用具が必要であれば、準備しておきましょう。

　なお、手話通訳については、都道府県による支援制度が充実して

います。会社側も活用できますが、障がい者側が利用できる制度も
あります。

🌱 視覚障がい者には、拡大機器、拡大コピーなどの事前準備を行う

　弱視の方に書類などを渡す場合は、小さい文字では見られないた
め、拡大コピーするなどの準備が必要です。拡大機器の利用も事前
に確認しておきましょう。ポイントは、あくまで個別対応であるた
め、「できること」「できないこと」「配慮事項」を確認することです。

🌱 精神障がい者には、「調子の波」を確認し「雰囲気作り」

　精神障がい者の場合は、特に「調子の波」を確認することが大切
です。

　例えば「うつ病ということで面接してみたが、人柄、経歴、印象
もよく、体調もよさそうだ。元気もよく健康そのもので、一見、健
常者とまったく変わらない。こちらは、『うつ』というと気持ちが
沈んでまったく家から出られない状態をイメージしていたが、この
人なら弊社ですぐに即戦力として活躍できそうだ。そう思って採用
するも一定期間が過ぎると、出社ができない。面接の際は、即戦力
だと思ったのに…」というケースもあります。

　うつ病や双極性のそううつ病は、症状に波があります。面接当日
は一番調子が良い状態であったかもしれませんが、症状が不安定な
方も中にはいます。気分障がいは症状に波があるという特徴を前提
に、時間をおいて2次面接や職場体験などを活用し、再度、本人に
症状を確認するとよいでしょう。

募集・採用・不採用時の注意点

健常者を雇用する際にも言えることですが、募集・採用・不採用時の注意点があります。ここでは、障がい者に対して募集をして、採用・不採用を決定する際の注意点を解説します。

障害者手帳のコピーを確認する

応募者に障害者手帳のコピーをあらかじめ提出してもらうことによって、応募者の障がいの状況が把握できます。また、面接の前にそれを提出してもらうことができれば、面接時に行う質問についても、より効率よく、より正確に情報を引き出せるためのものを用意することが可能です。そして、面接時の応募書類に、履歴書、職務経歴書に加えて、障害者手帳のコピーを用意するよう、あらかじめ伝えておきましょう。まれに本人の申告する障がいと自身の持っている障害者手帳の等級が異なる場合があるので、後々のトラブルを避けるためにも、障害者手帳のコピー添付をおすすめします。

1章で説明したように、障がいによって取得する手帳が異なります。障害者手帳は各自治体から発給されており、この障害者手帳に等級や取得時期、障がい名が書かれています。発達障がい者に対しては、発達障害者手帳というものはありません。このような人は、療育手帳か精神障害者保健福祉手帳のどちらかを取得しています。

自治体や障がい者個人によって違いがありますが、知的な遅れがない場合は、精神障害者保健福祉手帳を取得するケースが多くなっています。

公正採用選考をご存知ですか?

公正採用選考とは、企業が求人を行う際、応募者の基本的人権を尊重しつつ、能力と適性のみを判断基準として選考・採用すること

を言います。能力と適性以外の要素を選考の判断材料とした場合、応募者の適正な評価につながらないだけでなく、重大な差別につながる恐れもあります。

このルールは、健常者と障がい者の区別なく守られるべきものですが、障がい者を雇用する場合には特に注意が必要です。ポイントは「本人の適性・能力に関係のない情報を集めない」ことに尽きます。採用の可否を決定するために不要な情報を集めてしまうと、「不当な理由で採用を断られた」と判断されることがあるからです。

筆者が担当した公正採用選考に関する事例を紹介します。

ある企業の人事担当者から困惑した様子で電話がありました。筆者がよくよく話を聞いてみると、障がい者の2次面接時に行った健康診断で、免疫不全症候群が判明したとのことでしたが、改めての血液検査でHIVが判明したため「わが社では採用できない！」というのが採用担当者の本音のようでした。

採用選考時の健康診断はあくまでも、常時労働する労働者を雇い入れた際の適正配置、入職後の健康管理に資するためという位置付けであるため、上記のケースで採用見送りにすると公正採用違反になります。また「障がい」を理由に断ると差別や人権問題にも発展しかねません。

🌱 障害者手帳だけではわからない二次障がいのケース

障がい者の中には、重複して障害者手帳を持っている方もいます。

例えば、「発達障がい者ということで雇用したが、どうも、うつ病もあるのではないか」といったケースです。「二次障がい」と呼ばれるものです。

まれに、支援者もこの事実を知りながら二次障がいを企業に伝えず、隠すケースもあり、面接後、採用されてからこれが発覚した事例があります。

人事採用担当者は「人を見るプロ」です。健常者採用と障がい者

採用とにかかわらず、面接時に何らかの疑いがあった場合、これまでの経験に基づく判断によって直感が働くケースも多くあります。このような事実があることも知っておいてください。

■障害を理由とする差別の解消の推進に関する法律（以下「障害者差別解消法」）について

平成28年から「障害者差別解消法」が施行されました。
障害者差別解消法では、

①「不当な差別的取扱い」と、
②「合理的配慮をしないこと」

が差別になります。

繰り返し障がいを理由とする差別が行われ、自主的な改善が期待できないなどの場合は、厚生労働大臣から事業主に対し、助言、指導または勧告を実施。

	国の行政機関・ 地方公共団体等	民間事業者（※）
①不当な差別的取扱い	禁止	禁止
②合理的配慮	法的義務	**努力義務**

※民間事業者には、個人事業者、NPO等の非営利事業者も含みます。

国民生活に関わるサービス提供に関しては、**差別解消法で努力義務です**。
しかし、雇用分野に関しては、**障害者雇用促進法で義務となっています**。

● 法律の罰則はないが、事業を担当する大臣から事業者に対して報告を求め、助言・指導、もしくは勧告を行うことができます。（雇用分野は労働局長から）

● 都道府県によっては、条例での罰則もあります。

● 「努力義務」は、相互理解であり、「過重な負担」は、個別案件となります。

② 雇用の分野での合理的配慮の提供義務

合理的配慮とは、

・募集及び採用時においては、障害者と障害者でない人との均等な機会を確保するための措置
・採用後においては、障害者と障害者でない人の均等な待遇の確保または障害者の能力の有効な発揮の支障となっている事情を改善するための措置

のことをいいます。

　障害の種類によっては、見た目だけではどのような支障があり、どのような配慮が必要なのかわからない場合があります。また、障害部位・等級が同じ場合であっても、障害者一人ひとりの状態や職場環境などによって、求められる配慮は異なり、多様で個別性が高いものである点に留意が必要です。
　具体的にどのような措置をとるかについては、障害者と事業主とでよく話し合った上で決めていただく必要があります。

● 募集・採用時の合理的配慮のための手順

　障害者から事業主に対して、支障となっている事情や必要な配慮を申し出ていただきます。申し出を受けた場合は、どのような合理的配慮を提供するかを当該障害者と事業主の間でよく話し合っていただくことが必要です。

● 採用後の合理的配慮のための手順

1. 配慮を必要としている障害者の把握・確認

　労働者本人からの申し出の有無に関わらず、事業主から障害者に対して、職場で支障となっている事情の有無を確認してください。全従業員への一斉メール送信、書類の配付、社内報等の画一的な手段により、合理的配慮の提供の申し出を呼びかけることが基本となります。

2. 必要な配慮に関する話合い

　障害者本人から、障害の状況や職場で支障となっている事項、配慮内容への意向を確認することが必要です。障害者本人の意向が十分に確認できない等の場合は、障害者の家族や支援機関の担当者等から、支障となっている事項やその対処方法についての意見を聞くことも有効です。

3. 合理的配慮の確定

　障害者の意向を十分に尊重しつつ、提供する合理的配慮を決め、障害者本人に伝えます。その際、障害者が希望する措置が過重な負担（※ P4）であり、より提供しやすい措置を講じることとした場合は、その理由を障害者本人に説明いただく必要があります。

4. 職場内での意識啓発・説明

　障害者が職場に適応し、有する能力を十分に発揮できるよう、一緒に働く上司や同僚に、障害の特性と配慮事項を理解してもらえるように職場内での意識啓発が必要です。
　なお、説明に当たっては、障害者本人の意向を踏まえ、説明内容や説明する対象者の範囲等について、障害者本人と十分に打ち合わせしておくことが肝要です。

3

● 必要な配慮について話し合う際の参考例

　どのような配慮が必要か話し合うに当たっては、障害特性や状況等を踏まえ、例えば次のような観点から進めることができます。

＜参考例＞

・就業時間・休暇等の労働条件面での配慮が必要か
・障害の種類や程度に応じた職場環境の改善や安全管理がなされているか
・職務内容の配慮・工夫が必要か
・職場における指導方法やコミュニケーション方法の工夫ができないか
・相談員や専門家の配置または外部機関との連携方法はどうか
・業務遂行のために必要な教育訓練は実施されているか　　　など

● 合理的配慮の具体例

＜募集・採用時の合理的配慮の例＞

◆視覚障害がある方に対し、点字や音声などで採用試験を行うこと
◆聴覚・言語障害がある方に対し、筆談などで面接を行うこと

＜採用後の合理的配慮の例＞

◆肢体不自由がある方に対し、机の高さを調節することなど作業を可能にする工夫を行うこと
◆知的障害がある方に対し、図などを活用した業務マニュアルを作成したり、業務指示は内容を明確にしてひとつずつ行ったりするなど作業手順を分かりやすく示すこと
◆精神障害がある方などに対し、出退勤時刻・休暇・休憩に関し、通院・体調に配慮すること

事業主が障害のある労働者に合理的配慮を提供する際に、参考となる事例を紹介しております。

● 「合理的配慮指針事例集」厚生労働省ホームページに掲載中
　（URL:http://www.mhlw.go.jp/stf/seisakunitsuite/bunya/koyou_roudou/koyou/shougaishakoyou/
　shougaisha_h25/index.html）
● 「障害者雇用事例リファレンスサービス」（独立行政法人高齢・障害・求職者雇用支援機構）
　（URL:http://www.ref.jeed.or.jp/）

● 過重な負担

　合理的配慮は「過重な負担」にならない範囲で事業主に講じていただくものであり、合理的配慮の提供義務については、事業主に対して「過重な負担」を及ぼすこととなる場合は除くこととしています。
　過重な負担は、以下の6つの要素を総合的に勘案し、個別に判断します。

①事業活動への影響の程度　②実現困難度　③費用負担の程度
④企業の規模　⑤企業の財務状況　⑥公的支援の有無

4

■厚生労働省の改正障害者雇用促進法に基づく「障害者差別禁止指針」と「合理的配慮指針」参照

第**6**章

採用後の
マネジメントと
職場定着を進めよう

障がい者に多い
離職理由を知る

実際に障がい者を雇用したあと、次に大事になってくるのは
雇用者の「職場定着」です。ここではまず、障がい者の離職
理由について知っておきましょう。

🌱 なぜ、職務雇用管理が必要なのか?

　障がい者雇用においては、雇用管理が大きな課題の一つとなります。せっかく障がい者を従業員として採用したにもかかわらず、障がい者が長期間定着しないと、採用活動を継続せねばならず、採用活動にかける費用もかさみます。また、障がい者を受け入れる現場が「障がい者は長続きしない」という先入観を持ってしまい、さらに採用しにくい状況に陥ります。そうなると悪循環に陥り、現場の

■偏見による障がい者雇用の悪循環

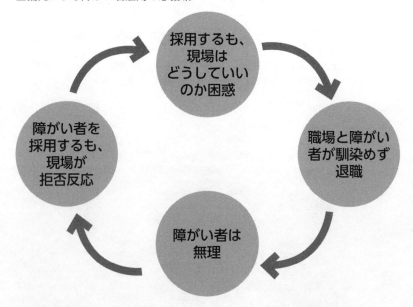

採用するも、
現場は
どうしていい
のか困惑

職場と障がい
者が馴染めず
退職

障がい者は
無理

障がい者を
採用するも、
現場が
拒否反応

障がいや病気と決めつけず、離職の本当の原因を把握しないと偏見の壁が高くなる

意識は低いままで、人材も育たず、雇用が進まないリスクが高まるばかりです。

　雇用された障がい者が定着したときのメリットとしては、職場の雰囲気が和やかになり、障がい者一人ひとりの強みが活かせ（ヒューマン・リソース）、会社にとっても一つの戦力となることが挙げられます。

　障がい者に限らず「採用して、長く働いてもらおうと思っているが長続きしない」「受け入れ先の現場で人材が育成できない」などの悩みはありませんか？　ここでは、障がい者の職場定着について学んでみましょう。

離職の原因を知る

　人と組織にはミスマッチはつきものです。このミスマッチに対応するにはどうしたらよいでしょうか。まずはこのミスマッチを起こす原因と防止の基本を理解することが大切です。

　離職の原因は雇用者にとって日常の些細なことの積み重ねなので、職場への不適応や離職するサインに早めに気づき、未然に防ぐことが大事です。

　離職の本当の理由を把握しないと、現場では障がい者雇用に心理的な壁ができてしまいます。離職理由は、特定の障がいや病気が原因なのでしょうか？　それとも、個人的な性格の問題でしょうか？

　実際には、障がい者は、どんな理由で離職しているのか、データで現状を確認してみましょう。

　平成25年度版の障害者雇用実態調査のデータから、身体障がい者と精神障がい者の離職理由をまとめてみると、個人的理由が59％、企業の都合が18％、定年・契約期間満了が8％、休職期間満了に伴う離職が2％、その他・無回答が13％となっており、個人的な理由での退職が過半数を占めています。

＜内訳から見る離職理由と離職を防ぐための対策＞

1位「賃金・労働条件」

　障がいの有無にかかわらず、適切な評価をしていますか？　賃金は仕事に応じた分だけ支払われるべきです。

2位「職場の人間関係」

　こちらは、健常者の退職理由でも同様に最も多い理由です。コミュニケーション、面談、そして雰囲気作りや社内サポーター設置などを実施しましょう。

3位「仕事の内容」

　「できること」「できないこと」の見極めと仕事のマッチングはできていますか？　能力の発揮や業務範囲拡大の機会を与えていますか？　与えていなければ、一度面談を行い、業務範囲拡大の機会を与えてみましょう。

4位「家庭の事情」

　人はみなそれぞれ事情があります。少し話を聞き、励ますことで、本人の悩みの解決を手伝うことができるケースもあります。中にはご家族や家庭、制度的な支援が必要なケースもあります。そのようなケースでは、生活面でのサポートの提供や紹介ができれば、離職を防げるかもしれません。生活面・医療面のフォローは、後述する専門的な支援機関がありますので是非とも活用してください。

5位「会社の配慮不足」

　一人ひとりへの配慮を怠っていませんか？　「興味のあること」「できること」「できないこと」「苦手なこと」「モチベーション」など、個別の特徴を見極めて配慮してください。

6位「障がい、病気のため」

　障がいや病気が理由で退職した方は、10％未満です。進行性の障がいや病気がある方や、体力の低下が離職理由にあたります。本人の状態に合わせた業務になっているか？　本人の負担になっていないか？　定期的な面談などで障がいや病気の状態の見極めや、配慮の確認をしましょう。そして、医療や生活の支援が必要だと感じ

たら、社内スタッフや支援機関と連携をとりましょう。

7位「通勤の困難さ」

満員電車が負担になるなどの理由で、体力が落ちてきて通勤できなくなるケースもあります。身体障がい者で車通勤が不可欠な車いす使用などの下肢障がいの方は、駐車場が必要です。助成金を申請して整備することも可能なので、ハローワークや労働局などに相談してみましょう。また、会社が家から遠く交通手段がない場合は、自力で通勤できることも重要な採用条件・雇用継続条件となります。障がい者を採用し、雇用を継続させるためには、採用の入口段階から「地元の障がい者」「地元の支援機関」との付き合いが大切になってきます。

以上のような理由に対してそれぞれの対策を打てば、離職を未然に防ぐことも可能です。

障がい別の勤続年数はどうなっているのか?

平均勤続年数は、身体障がい者10年2か月、知的障がい者7年5か月、精神障がい者3年2か月、発達障がい者3年4か月となっています。参考までに一般労働者の平均勤続年数は12年4か月で、障がい者の方はこれより勤続年数が短くなっています（令和元年賃金構造基本統計調査より）。

しかし現在、健常者も俗に「753」と言って、入社から3年以内に中学卒業者は70%、高校卒業者は50%、大学卒業者は30%が退職するといわれています。

同じ会社に30年間勤務して定年退職を迎える障がい者もいますし、転職を繰り返すケースもあります。つまり、職場への定着は、障がいの有無は関係ないということです。障がい者の職場定着に何よりも大切なのは「労働意欲」や「働く能力」などの個人的な要因と、会社側の受け入れ態勢や理解度など環境的な要因であり、障がい別の統計から判断した一般論では決して対応できません。すべて

の障がい者に対して一律に適用可能な職場定着を支援する方法はないのです。

　障がい者の職場定着についての一般論や事例はバックグラウンドとして参考までにとどめ、136ページから解説する、職場定着のためのポイントを参考にしてください。

■精神障害者の職場定着率（就業定着率）

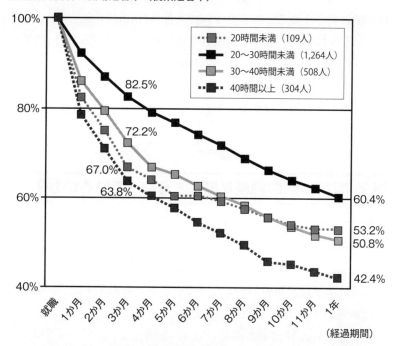

<参考>
一般労働者の平均勤続年数12年4か月
10人以上の常用労働者を雇用する民営事業所（78,482事業所、有効回答47,148事業所）の常用労働者の状況
（令和元年賃金構造基本統計調査）

障害者の就業状況等に関する調査研究（2017年、JEED）より

134

離職理由の1位「個人的理由」の内訳を見て、対策をたてる

　個人的な理由での離職とはどのようなものなのか知っておきましょう。離職理由の第1位である「個人的理由」の内訳を見てみます。下記のグラフを見てみると、「賃金・労働条件」や「職場の人間関係」といった理由が上位にきています。

■身体障がい者と精神障がい者における前職の離職理由

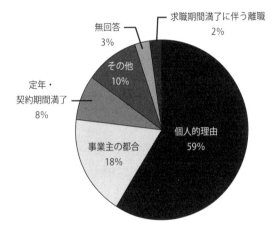

■身体障がい者の個人的理由の具体的な内容（複数回答）

個人的な離職理由の中身	割合
賃金・労働条件に不満	32.0%
職場の雰囲気・人間関係	29.4%
仕事内容があわない	24.8%
会社の配慮が不十分	20.5%
障がいの為に働けなくなった	16.6%
家庭の事情（出産・育児・介護を除く）	16.4%
通勤が困難	9.7%
出産・育児・介護・看護	3.5%

■精神障がい者の個人的理由の具体的な内容（複数回答）

個人的な離職理由の中身	割合
職場の雰囲気・人間関係	33.8%
賃金・労働条件に不満	29.7%
疲れやすく体力・意欲が続かない	28.4%
仕事内容が合わない（自分に向かない）	28.4%
症状が悪化（再発）	25.7%
作業・能率面で適応できなかった	25.7%
家庭の事業（出産・育児・介護・看護を除く）	8.1%
出産・育児・介護・看護	1.4%

平成25年度障害者雇用実態調査結果より

職場に定着させる
3つのポイント

ここでは職場に定着させるための3つのポイントを紹介します。このポイントを押さえたうえで、障がい者一人ひとりに合った雇用管理を行ってください。

職場定着のための3つのポイントとは

採用時と同様に、障がい者雇用で職務の準備をし、社内へ受け入れるための理解を進め認識の共有を図り、障がい者を採用することができたら、次は、雇用管理・職場定着に取り組みます。

その際には下記の定着の3つのポイントを参考にしてください。

❶一人ひとりに向き合う

職場定着でも、一人ひとりの「障がい特性」「それぞれの課題」「必要な配慮」を知り、マネジメントすることが不可欠です。

❷具体的な事例・ツール・テクニックを知る

障がい者雇用を進めている会社の事例を参考に、自社で使えそうなツールやテクニックを知ることも重要です。

特に、近い業種・業界の事例は自社への汎用性も高いため、自社の雇用管理の参考にしてみてください。

❸支援機関と上手く付き合う

採用の時点では主に障がい者の職業能力の見極めが必要でしたが、すでに就業されている障がい者の職場定着には、自宅での時間や余暇などの生活面の支援も必要になります。特に、精神障がい者で定期的な通院が必要な方は、医師や医療機関スタッフとの連携も欠かせません。不適応やエラーが発生し社内だけでは問題解決できない際は、社外の資源として支援機関を積極的に活用することをおすすめしています。

職場定着の基本的な考え方

ポイントを押さえたからといって、それが障がい者の職場定着に必ずつながるとは限りません。本節では障がい者の職場定着の基本的な考え方を解説します。

日常の業務で必要な配慮を把握する

　日常の業務で配慮が必要なことがあれば、共に働く社内で必ずそれを把握して共有してください。

　また、緊急時に連絡が必要な「かかりつけの病院はどこか？」「生活面での支援者はだれか？」などは、最低限把握しておきましょう。

■職場定着のために必要なこと

マネジメント

○朝礼（体調の確認）
○業務日誌・連絡帳
○定期的な面談やキャリア開発
○就業規則などの徹底
○配属先との調整・理解促進
⇒本人の職務設定と部署への周知理解・準備

配慮

○目配り・気配り・心配り
○個人情報の取り扱い
○日常で必要な配慮の把握
⇒特に緊急時の対応・安全管理
○時間配慮
⇒勤務時間・通勤時間・残業時間
○電話応対への配慮
⇒障がい特性と個別の不適応の予測

相談窓口　キーパーソン

○キーパーソン、相談できる担当社員の設置
○障害者職業生活相談員の設置：独立行政法人 高齢・障害・求職者雇用支援機構

支援機関との連携

○支援者との連携・活用
○人的支援制度（ジョブコーチ）

目配り、気配り、心配り、声掛けをする

社員のマネジメントとして、日々の声掛けや目配り・気配りを実践することは不可欠です。毎朝、障がい者が会社の扉を開けて入ってきたときから、顔色や声でその日の調子はわかるはずです。半年に1回60分の面談をすることも大切ですが、毎日、5分でも10分でも、心の通った会話を交わす方がより効果的でしょう。

ただし、1日に何度も話しかけられたくないという方もいます。特に精神障がい者や発達障がい者の中には、人間関係が苦手な方も多くいるため、個人に合わせた対応をしてください。中には、休憩時間を皆と一緒に過ごすより、一人で過ごす方が本人にとって良い方もいます。一方で、体調が悪いのにもかかわらず誰にも伝えない方や、表情や態度にさえ出さずに我慢してしまう方もいます。聴覚障がい者の中には、周囲の会話が聞こえず、自分の置かれている状態や環境に対して不安になってしまう方もいるので、やはり気遣いが必要です。「あなたも同じ会社の仲間だよ」と相手を認めることで、いきいきと働くことが可能になります。

相手の存在を認める

広く知られている「マズローの欲求5段階説」では、3段目は愛情・所属の欲求となっています。現在の会社生活なら、仕事や生活を通じて生理的欲求と安全・安定欲求は比較的クリアできている人が多いため、次は3段目の愛情、所属の欲求を満たす必要があります。そのためには、目配り・気配り・心配りをし、各人を見て存在を認めてあげてください。精神障がいや発達障がい者の中には、過去の経験から自信を失っている方も多くいます。そこで、「おはよう」「お疲れ様」「助かるよ」などと何気なく声を掛け、交流を行いましょう。「会社に自分の居場所がある」と実感してもらい、仕事に対するモチベーションを維持できるように接してください。

定着を高める ツール・テクニック

障がい者の職場定着に対して基本的な考え方は理解できた でしょうか？　ここからは、職場への定着率をさらに高める テクニックやツールを紹介していきます。

①朝礼と体調の確認が効果的

　障がい者の日々の状態を確認するためには、朝礼で体調の確認を することが効果的です。特に、症状が不安定な気分障がい者の体調 や、知的障がい者の生活リズムを確認するのに適しています。労務 管理の一環として朝礼を大いに活用しましょう。

　企業で行われる一般的な朝礼では、業務連絡等、仕事の進捗を確 認する目的で実施されていることが多いのですが、精神障がい者の 在籍部署の朝礼は、加えて当日のスケジュール確認や体調確認を実 施します。

　気分障がい者など多くの精神障がい者には、体調の良し悪しに波 があります。調子が悪い・悪そうな兆候があれば、それは一時的な のか？　恒常的なのか？　定期的にあるのか？　を確認しましょ う。「昨夜はしっかり睡眠がとれているか？」「風邪をひいていない か？」など、質問による簡単な確認で構いません。

　精神障がい者と時間を共にして注意深く観察し、できればメモを とり定期的なチェックをしてみることで、各人の癖や定期的な波が 徐々にわかってきます。これは、精神障がい者のマネジメントにお いて、非常に重要な作業です。また、毎日チェックを行うことで、 精神障がい者の体調が確認しやすくなります。

　筆者の部下（統合失調症の精神障がい者3級）は、春になると幻 覚や幻聴が多く出やすい傾向にあります。いわゆる、春鬱などの言 葉で言われるように、温かくなる春先は心身ともに調子を崩す場合 も多いです。それを理解しているので「幻覚、幻聴の調子はどうで

すか?」などとストレートに質問しています。「少し体調が悪い。夜に眠れていない」という場合は、無理をしないように休憩を取ってもらったり、業務のボリュームを減らしたり、ときには思いきって休んでもらったりして調整しています。

ある特例子会社の経営者は「朝一番、会社のドアを開けた瞬間からその人の調子が分かる」と断言していました。体調の確認、加えて本人の体調管理能力の向上は長く勤め続けるために不可欠なものです。

②業務日誌・連絡帳を活用する

知的障がい者の雇用では、特に業務日誌や連絡帳を活用すること

■業務日誌の例

業務日誌を活用することで、意思の疎通を図る。

がおすすめです。業務日誌には、その日にできたこと・できなかったことに加え、困ったことや相談したいことなども記入してもらいます。業務時間中の生産力向上に加えて、今何を感じているのか、仕事にやりがいを感じているのか、どんなことに迷っているのか、困っているのかなどを確認できるツールにもなります。

　朝礼の項でもお伝えしましたが、人間だれしも体調のいいときと悪いときがありますし、仕事以外の不安や悩みもあります。障がい特性のために、なかなか言葉にすることができなくても、日誌や連絡帳を活用することで意思表示がしやすくなります。

③定期的な面談を実施する

　障がい者の方には、本人のモチベーションアップやキャリア形成のために定期的に面談を実施しましょう。人事制度で目標管理制度を使う会社であれば、四半期に1回、半年に1回行われる面談が、障がい者が仕事に対してどのように取り組んでいるか、どのように考えているかを確認する機会となります。

　何ができるようになったか？　という成長度合いの確認や、課題、次の目標の設定をしっかりと行います。面談のときに障がい者から提案がでることもあり、それをフィードバックすることで障がい者のモチベーションも上がります。そのためには日頃から障がい者の働きぶりや興味の対象をしっかり見ておくことも重要です。また、雇用している障がい者のキャリアプラン・能力開発などを見直すきっかけにもなるので、面談の活用をおすすめします。

　ただし、面談した後にフィードバックがないと、障がい者側の不安や不満、会社に対する不信感につながるので気を付けましょう。障がい者のリクエストには、会社側として「できること」と「できないこと」がありますので、「できないこと」に関しては「できない」と伝えてかまいません。面談後のフィードバックを、障がい者をフォローする「機会」としてぜひ活用してください。

④就業規則などを徹底する

　就業規則や社内のルールは、障がい者の採用・入社時にしっかり伝えてください。これを怠ると、「聞いていなかった」「知らなかった」などの理由で深刻なトラブルが発生することがあります。また、残念なことですが、ごく稀に障がい者の中で「自分は障がい者だから少々のことは許される」と思っている方もいます。

　本人の職業観としても、仕事をする仲間としての要求水準としても、「ルールを守ること」は大切です。事前にしっかり伝えておきましょう。また、知的障がい者や発達障がい者の中には、健常者なら気づきやすい暗黙のルールであっても、根気よく説明しないとなかなか理解してもらえないケースがあります。就業規則にはない不文律やルールも、はっきり伝えておきましょう。

⑤業務内容に配慮する

　筆者の支援した心臓機能障がいの女性は、「仕事で行動を共にする同僚はみな、歩くスピードが速くてつらい」という悩みを抱えていました。これは、外見ではわからないため当たり前に業務をしていては見落としがちですが、本人にとっては大変な負担になっていました。

　また、心臓機能障がいの方は、作業強度の増加に伴って心臓機能への負荷が高まります。そこで仕事面では、移動が多い業務や時間に追われる業務、重い荷物を持ったり運んだりする業務など、心臓に負担がかかる業務を担当させないという配慮が必要です。すべての障がい者に対して「できること」と「できないこと」について明確に把握し、できないことに関しては徹底的に担当させないという配慮が、トラブルを未然に防ぐコツと言えます。

🌱 ⑥勤務・通勤・残業・休憩・通院時間に配慮する

　通勤や就業時間に配慮するだけで、雇用・職場定着がスムーズになるケースもあります。ここでは勤務時間、出社に要する通勤時間、および残業時間、休憩時間などに対する配慮について説明します。

●勤務時間への配慮

　まずは短時間労働から始めて、徐々に勤務時間を増やすパターンが有効です。

　例えば精神障がい者で、医師の診断では1日4時間くらいなら就労可能という許可が出ている方に、最初から1日6時間の勤務はできません。そこで就業できる時間から始めてみて、様子を見ながら勤務時間を増やす方法を取ります。

　よくあるパターンとして、入社から6か月間は週20時間で働いてみて、調子が良いか、慣れてきたかなどの度合いを確認します。そして、半年後から徐々に勤務時間を増やして30時間にするという方法があります。

　入社して3か月くらいまでは、障がい者か健常者かに関係なく、誰でも環境の変化がストレスとなり、慣れることにエネルギーを使います。そこで半年後に時間延長をするか、このまま様子を見る、もしくは時間を減らすよう検討します。

　なお、週20時間以内であれば短時間労働として雇用率に加算できます。また、職場復帰のプログラムでは「ならし出社」などの制度もあります。

●通勤時間への配慮

　バスや電車などの公共交通機関での通勤では、ラッシュ時や満員電車が負担になるために、出社時間を遅く設定し、安心して出社してもらうなどの配慮が必要です。

　例えば、下肢障がいの方は、満員電車での立ちっぱなしの状態は

大変な苦痛を伴いますし、免疫不全の方は混雑時の車両の中で風邪などをうつされる危険性を少しでも回避したいと考えています。

　また、パニック障がいの方の場合、満員電車での通勤が不安と苦痛の材料になってしまうことにもなります。道路や交通機関が混雑する時間帯をずらしての出社を認めるのもひとつの方法です。

●残業時間への配慮

　特に精神障がい者に多いケースですが、残業が心身の負担になってしまい会社を休みがちになり、最後には就業継続ができなくなってしまう事態に発展することがあります。精神障がいの方の中には、上司から残業などをお願いされた場合、無条件で「YES」と返答してしまう方がいますので注意してください。これは個人の気性から生じる問題ではなく、障がいの特性として生じる問題です。普段から体調の変化をチェックしておき、残業などの指示は最小限にとどめるようにしましょう。また、進行性の障がいがある方・長時間労働ができない方なども、会社が思っているより本人に負担がかかっています。そのような方には残業をさせないように配慮しましょう。

●休憩時間への配慮

　健常者も障がい者も区別はありませんが、休憩時間をしっかり取らせる配慮が必要です。特に障がい者の場合は、休憩時間に身体を休めることが作業効率に大きく影響するケースも多いのでひときわ重要です。

　厚生労働省から出ているパソコンなどを使用するVDT（Visual Display Terminals）作業における労働衛生環境管理のためのガイドラインがあります。「一連続作業時間が1時間を超えないようにし、次の連続作業までの間に10分〜15分の作業休止時間を設け、かつ、一連続作業時間内において1回〜2回程度の小休止を設けること」とあります。

　つまり、パソコンを使用する業務では、1時間につき10〜15分

程度の休憩時間を確保することを奨励しているのです。休憩時間を用意する際、基準の一つとして取り入れてみてください。特に精神障がい者の場合は、心と身体が休憩を欲しているにもかかわらず、うまく意思表示できないケースがあります。タイミング良く小休止をいれて、心と身体をリフレッシュしてもらいましょう。何より大切なのは、遠慮なく安心して休憩できる雰囲気、そして人間関係の構築です。

●通院時間の配慮

通院が必要な方には通院の頻度や、時間帯、病院などを事前確認しておきましょう。月に1回程度の通院が必要な方もいれば、人工透析が必要な方などは、週に3回ほどの通院が必要な方もいます。各人に合わせた通院時間の配慮が必要ですが、特に、業務が長引きそうな場合は、こちらから仕事に区切りをつけるよう声をかけ、通院させるという配慮が必要です。

⑦電話応対への配慮

電話応対とは、企業が外部社会とつながるための大きな窓口のひとつであり、慎重かつ正確な対応が求められる業務でもあります。このため、相手の声が聞こえないほど聴力が減退している聴覚障がい者や、臨機応変な対応ができない知的障がい者などは、電話での対応を外す配慮が必要です。

⑧指揮系統を統一する

複数の指示を同時に受けたり、複数の業務を並行して行うことが苦手な障がい者がいます。そこで、業務の指示を出す担当者を一人に限定しておくことをお勧めします。

筆者には知的障がい者の部下がいますが、一度に複数の指示を出

すと、優先順位がつけられず、どちらの指示も実行できませんでした。

　また、複数の上司から指示を受けた場合、「社内での影響力がより強い上司の指示のみ実行する」という知的障がい者もいました。これは、業務の優先判断はできなくても、人間関係のパワーバランスは判断できるということです。そこで、知的障がい者や発達障がい者でこだわりが強い方、優先順位がつけられない方には、指示を出す人物を統一しておくことが効果的です。

⑨個人情報を配属部署と共有する

　雇用する段階で確認した、障がい者の「できること」や「できないこと」「配慮してほしいこと」についての情報は、人事部だけで把握しておくのではなく、配属先の部署にも必ず伝えておきましょう。人事部門だけが理解していても、受け入れ部署が本人の適性や特徴を理解しておかなければ意味がありません。障がい者と一緒に働いて時間を共にするのは受け入れ現場のスタッフだからです。

　受け入れる現場のスタッフが障がい名や病名を聞いてもよくわからない場合、「どんな人なのか？」「どういう風に接したらいいのか？」など不安になります。そこで、配属の事前準備として「配慮事項」や「できないこと」などの特徴を周囲に理解してもらい、受け入れの下地を作ることが大切です。できれば「面倒見のいい方」「障がい者の支援をしたい方」など、キーパーソンになり得る方を巻き込んでおいてください。

　ただし、注意点もあります。例えば、入社した際に、人事部門のスタッフしか知り得なかった個人情報については、社内の人間であろうと絶対に伝えてはいけません。職務に関係ないプライベートな情報が職場の仲間たちに知れ渡っていたら、会社に不信感を抱く方が多いのではないでしょうか。これは、障がい者であろうと健常者であろうと同じことです。

「職場でかかわる方になるべく自分の障がいや配慮事項、特徴を周知してほしい」という方もいれば、「障がい者雇用で入社したことをなるべく隠しておいてほしい」という場合もありますので、配属先の部署に伝える情報は、事前に必ずチェックし、伝えても問題のない情報だけを選別してください。

個人情報を社内で共有してよいかどうかは、障がい者本人の承諾が必ず必要になります。障がい者本人にも、一緒に働くすべての社員たちにも、気持ち良く仕事してもらうために欠かせない配慮と言えるでしょう。

障がい者の個人情報を扱ううえでのトラブルには数多くの事例があります。2点ほど、筆者の印象に残っている事例を紹介しておきます。

❶精神障がい者の例

筆者の部下として働いている、精神障がい者の女性のエピソードです。彼女は統合失調症3級で体調管理に対する配慮が必要ですが、体調が安定しているときは、書類作成や電話応対など事務職をスムーズにこなしています。

前職では、障がいについての個人的な情報を本人の了承なしに職場の全員に公表されてしまいました。その結果、職場のスタッフは彼女に対して「精神障がい」というレッテルを張り、「腫れ物に触る」ように接してしまったとのことです。最終的には本人と同僚たちの間で溝が深くなり、居場所がなくなってしまったとのことでした。

障がいに関する情報を、どこまでオープンにして良いのかどうか、本人に必ず確認する必要があることを痛感する事例だと思います。

❷内部障がい者の例

内部障がい者のGさんは、職場の監督者から「Gさん、この書類にハンコ押してくれるかな？」と書類を差し出されました。この書類は「特定求職者雇用開発助成金の申請書」で、雇用した障がい者の押印が必要だったのです。職場の同僚たちがたくさんいる目の前で差し出されたため、Gさんは職場の同僚たちに障がい者であるこ

とを知られてしまいました。

　Gさんの内部障がいは内臓疾患であり、外見からは障がい者であ ることがまったくわかりません。加えて、仕事も問題なくこなせて いたため、Gさんは障がい者であることを社内で伏せておきたかっ たのです。もちろん、社内でGさんのことを障がい者と知るのは、 人事部をはじめとするごく一部の関係者だけでした。

　Gさんは同僚の前で「障がい者」であることを公表され、大変な ショックを受けました。すぐに、Gさんから筆者にも相談があり、「許 せない」「人権問題ではないか」と憤慨していました。

　監督者はGさんに、個別に指示をするべきだったのです。企業側 も配慮不足だったとフォローしましたが、結局わだかまりは解消で きず、Gさんは間もなく退職しました。

　Gさんは入社以来、事務職にやりがいをもって取り組み、評価も 高かっただけに、会社にとっては大きな損失となった事例です。

⑩障がい者の心の葛藤を知る

　障がい者支援の専門的な言葉に「障がい受容」という言葉があり ます。障がい受容とは自分に障がいがあることを受け入れることで す。自分が障がい者であるという事実を受け入れている方もいます が、一方で「自分が障がい者になったことを受け入れられない」方 もいるのです。障がいをありのままに受け入れるかどうかという問 題は、障がい者にとっては一生の課題となるのです。この事実を理 解すれば、障がい者との関わり方に深みが出てくると思います。

職場でのキーパーソンを配置する

社内に「キーパーソン」を設置することで、障がい者が安心してその人に相談をできるようにしましょう。本節では「キーパーソン」が必要な理由を解説します。

🌱 キーパーソンの役割とは

　障がい者が配属後に、問題や悩みを解決し、安心して働けるようになるために、障がい者が社内で相談できる「キーパーソン」になり得る社員を設定します。キーパーソンとは、新人教育を行う先輩社員のようなものです。相談できる人をしっかり決めることで、障がい者のモチベーション向上や、不適応時の即時対応につなげることができます。キーパーソンは、受け入れ先の現場リーダーや所属長、または職場にいる面倒見のいい方が担当するのもいいでしょう。人事部門は障がい特性や個人的な特徴をキーパーソンと共有します。またキーパーソンに負担がかかりすぎないよう、人事部門も相談窓口として門を開いておくことも大切です。

🌱 障害者職業生活相談員を設置する

　障害者雇用促進法により、障がい者を5人以上雇用している事業所では「障害者職業生活相談員」を選任し、職業生活全般の相談・指導を行うよう義務づけられています。こちらは各都道府県の高齢・障害・求職者雇用支援機構が「障害者職業生活相談員資格認定講習」を開催しており、2日間で計12時間の講習があります。

　雇用している障がい者の人数が5人に満たない場合でも、キーパーソンとなる人はこの講習を受講しておくことをおすすめします。

　講習では、基礎的な障がい特性や雇用管理方法を学ぶことができ

るため、障がい者のサポートがしやすくなるでしょう。会社側としても、キーパーソン育成や、社内の理解度を高めるきっかけとして大変効果的です。ぜひ受講することをおすすめします。

■障害者職業生活相談員資格認定講習について

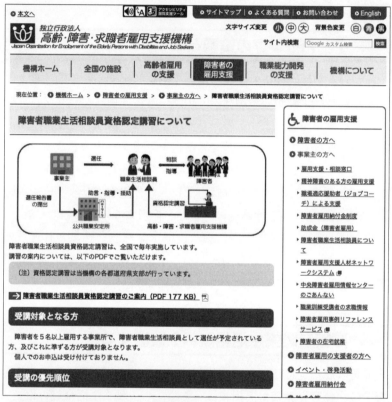

※講習実施状況はインターネットから確認できる。

Section

6

職場の従業員を教育する

職場の従業員を障がい者雇用について教育することも、障がい者を職場に定着させるうえで重要なこととなります。ここでは、なぜ教育が必要なのかを解説します。

 配属先での障がい者への理解は必須

障がい者も受け入れ現場も円滑に業務を推進するには、配属部門に対する障がい者雇用理解のための啓発と教育が必要です。前述したように、人事部門だけが障がい者雇用に力を入れても、実際の配属先となる現場の理解がなければ障がい者雇用は進みません。受け入れ現場の理解を深めることで、共に働きやすい雰囲気作りと環境、そして企業風土を醸成しましょう。

 社員研修を行う

現場の社員は人事部門と異なり、「障がい者雇用」にそれほど興味や理解がない場合がほとんどです。そこで社内での研修を開催し、「障がい者雇用」や「自社の障がいのある社員の特性」などについて知る機会を設けます。筆者の経験では、障がい者を受け入れるために必要な知識の準備は企業によって千差万別です。特に職場のスタッフの知識不足から発生する問題は深刻なものがあります。もっとも、「現場の社員が障がい者雇用に反対する」という状況や「自社内で雇用している発達障がい者の接し方に困っている」という状況などは、従業員全員が障がいに関する知識を得ることで改善できるはずです。

全社員に「障がい者雇用の基礎」や「自社の雇用状況や障がい者雇用の必要性」を知ってもらうことで、社内の障がい者雇用は加速します。逆に言えば、法的な「障害者雇用制度」や「助成金」「細

かい障がい者特性」などを一般の従業員に知ってもらう必要はないのです。

　各都道府県にある「地域障害者職業センター」（巻末参照）などに依頼すれば、このような社内の知識不足を補うための研修を実施することも可能です。

本やDVDなど啓発資料を活用する

　既存の本やDVDなどを活用し、障がい者雇用を知ってもらうことも有効です。高齢・障害・求職者雇用支援機構では、障がい者雇用を進めるための冊子やDVDを作成し、配布・貸し出ししています。特に冊子は大変わかりやすいものになっていますので、社内での回覧や勉強にはおすすめです。

自社内のインターネットや社内報を活用する

　障がい者雇用の状況や資料などを回覧・共有することも有効です。

　特に、社内で障がい者雇用の受け入れに成功した事例、失敗した事例などは、他の部署や人事部で必ず共有してください。こうした事例を積み重ねて検証していくことで、障がい者雇用の成功に一歩ずつ近づいていきます。

　社内会議でも、障がい者雇用の状況・不足数・採用計画などの情報を共有することにより意識を高めることが可能です。「ユニクロ」（株式会社ファーストリテイリング）では毎月、現場や人事だけではなくトップまでが情報共有し、次月以降の計画・進捗確認が徹底されています。

所属長がラインケアを行うことで部署全体をフォローする

管理監督者が障がい者を受け入れる部署の社員は、管理監督者がラインケアをすることも重要となります。ここでは「ラインケア」について解説していきます。

🌱 管理監督者が受け入れ部署全体をフォローする

　会社組織のメンタヘルスには4つのケアがが必要と言われています。下記の4つのケアがその内容ですが、このうち、障がい者雇用の現場では「ラインケア」が非常に重要となります。

　ラインケアとは、管理監督者が社員に対して個別の相談に応じたり、職場環境の改善を行ったりすることを言います。

　障がい者が職場に定着するためには、管理監督者が障がい者と受け入れる部署のすべての従業員に対してフォローする「ラインケア」が効果的です。毎日の朝礼や定期的な面談など、すべての従業員に対してコミュニケーションとフィードバックができる機会を用意して、これを仕組み化していきましょう。「何かあったら声をかけて」では、なかなか相談してもらえません。特に精神障がいの方に対しては定期的な面談をしっかり行いましょう。

■会社組織で必要な4つのメンタルケア

①社員個人が自分のケアを行う「セルフケア」

②管理監督者が部下のケアを行う「ラインケア」

③衛生管理者や産業保健職、産業医など、企業内担当者が行う「事業場内資源によるケア」

④メンタルヘルス対策機関や医療機関と連携し、必要な対策を行う「事業場外資源によるケア」

人事のコーディネートと
キーパーソンへのフォロー

障がい者の現場への受け入れが進むと、人事担当者が直接障がい者とかかわることは少なくなります。ここでは、キーパーソンに過度な負担をかけないために、キーパソンへのフォローについて説明します。

🌱 キーパーソンをフォローする

忘れてはいけないのが「キーパーソンを孤立させない」ことです。よくあるケースですが、障がい者雇用は「キーパーソンの属人的な業務」になってしまいがちです。現場でトラブルや不適応が起こってしまったときに、キーパーソンだけに過度の負担がかかり無理をした結果、キーパーソンがメンタル不全になってしまうこともあります。こうなってしまうと本末転倒です。

■人事部門が支援機関とキーパーソンをつなぐ

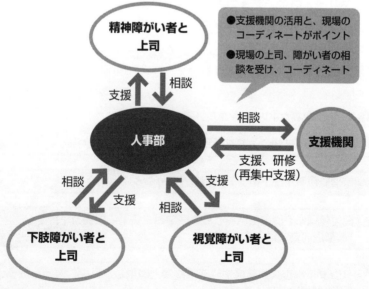

支援機関との窓口をを務めることでキーパーソンをフォローする。

障がい者の受け入れが現場レベルで進み、人間関係がうまく構築されてくると、人事部門が障がい者と直接的に接する場面は少なくなります。そして時間の経過とともに、人事部に求められる役割が「キーパーソンへのフォロー」へと変化していきます。

「障がい者が業務に慣れてきたのはいいが、コミュニケーションがうまくできない」「業務の覚えが遅い」「仕事はできるけどヒューマンスキルの教育が必要であり、どう伝えればいいか悩む」「職場の職員と合わなくて頭を抱えている」などの問題がキーパーソンの負担になっているかもしれません。

ですので、人事部門は現場へのフォローを必ず実施してください。障がい者と直接やり取りする時間が減った分、現場のキーパーソンと連携を取り、問題解決のための助力を惜しまないことです。

事案によっては、障がい者本人に人事部から指導書を出したり、配置換えを実施したりする必要があると思います。最終的には障がい者を解雇せざるを得ない場合もあるでしょう。現場への負担がかかりすぎていないかどうか、リスクマネジメントを徹底してください。

🌱 人事部を介して支援機関と連携する

障がい者雇用の推進には、支援機関との連携が非常に大切ですが、この連携は、人事部が窓口になって行いましょう。現場のキーパーソンと支援機関を結びつける仲介役として、積極的な橋渡しを行ってください。キーパーソンは自分自身の仕事を必ず抱えており、障がい者のケアにつきっきりで対応できるわけではありません。キーパーソンの負担を減らすためにも、支援機関からのフォローを人事部が率先して引き出しましょう。

上司の人事異動・退職時の注意

障がい者の上司やキーパーソンが人事異動や退職となる際には注意が必要です。職場の雰囲気の変化や、後任の上司への引き継ぎについて解説します。

🌱 引き継ぎは念入りに行う

会社にとって、社内の人事異動や退職はつきものです。その際、障がい者についての情報をどうやって後任に引き継ぐか、事前に問題点を想定しておく必要があります。

後任となった上司が障がい者雇用に慣れていない場合は、障がい者とどう接していいのか困惑してしまいます。また、障がい者の側も、上司が変わることに対応できない場合、退職してしまうケースも少なからずあります。

業務の指示を出す際に工夫していた点などがあれば、後任者に必ず伝えてください。一つの指示を出した後は、必ず作業が完了してから次の指示を出すなど、これまで障がい者と一緒に培ってきた暗黙のルールが必ずあるはずです。

また、障がい者本人が気にすること、嫌がること、執着することなども、レポートとしてまとめて引き継ぐことをお勧めします。体調の波や、不調時の見極め方など、細かい情報も引き継げるだけ引き継いでおきましょう。

障がい者雇用を担当することになった場合、前任者から引き継いだ情報をもとに、信頼関係の構築に全力を注いでください。仕事の効率を高めるためには、担当者自らが障がい者へ歩みより、少しずつでも信頼関係を構築していくのが最短かつ最良の方法です。

ジョブコーチや各支援機関との連携とその活用

Section 10

社内にある知識や人材だけでなく、障がい者雇用を推進している支援機関を活用しましょう。ここでは「ジョブコーチ」をはじめとする、支援機関の活用方法を解説します。

🌱 支援者と連携し活用する

せっかく障がい者を雇用してもトラブルばかりが発生したり、なかなか職場に定着せずに退職してしまったりという状況が続く場合は、社内だけで解決しようとしないことです。支援機関を頼り、障がい者雇用に関する専門的な知識と技術を受け入れて解決しましょう。

障がい者雇用の進んでいる「ファーストリテイリング」「アルペン」「良品計画」などの各企業は、支援機関との連携を軸として障がい者雇用を推進しています。障がい者雇用では就職後や生活面のフォローが重要で、専門機関の知識や技術が欠かせないものとなっているからです。

障がい者雇用の代表的な支援機関として「障害者就業・生活支援センター」と「地域障害者職業センター」が挙げられます。障害者就業・生活支援センターは、全国各地の福祉圏域に1か所ずつあり、平成26年度では、全国に323か所もあります。また、地域障害者職業センターも各都道府県に設置されています。この2つの支援機関は、企業と障がい者双方を支援することを目的に設立されており、どちらも無料で利用できます。

🌱 ジョブコーチ（人的支援制度）を活用する

ジョブコーチとは、職場適応援助者のことで、要請のあった企業に対し地域障害者職業センターから派遣される人材のことです。障

■ジョブコーチを活用する

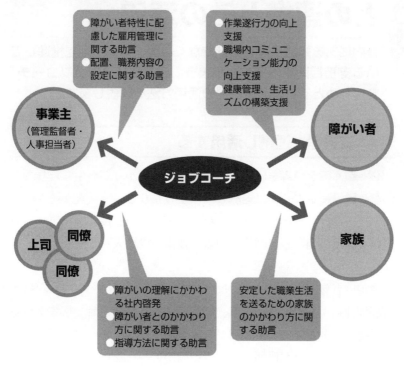

　がい者本人や企業、障がい者の家族まで、障がい者が問題なく仕事に従事するために必要なさまざまな支援を提供してくれます。

　ジョブコーチを活用するタイミングとしては、障がい者を採用する際、また雇用後の職場定着の段階で要請するケースが多いようです。企業に対して、障がい者の特徴や接し方を伝えたり、受け入れ現場で働く従業員に対しても、障がい者の受け入れに必要な説明などを実施してくれます。

　また障がい者本人に対しても、職場内で仕事を覚えるための手伝いや、仕事を効率良く行うためのマニュアル作成などを請け負ってくれます。

　ジョブコーチは障がい者雇用に関する専門的な教育でトレーニングされており、企業側の問題点と障がい者側の問題点を把握し、改

善点や変更点を両者に対して具体的に示してくれます。。

　ジョブコーチは無料の制度です。最寄りの地域障害者職業セン
ターに相談し、障がい者雇用の推進にぜひ活用してください。

支援者と付き合ううえで大切なこと

　障がい者雇用を推進するためには、「支援者」の協力も欠かせま
せん。この場合の支援者とは、支援機関の職員に加えて障がい者の
家族や親族なども含まれます。面接の段階から障がい者に同伴する
ことも多く、雇用に至るまでは会社と障がい者の仲介役となってく
れる頼もしい存在です。

　障がい者雇用の担当者が支援者と付き合う際には、会社と支援者
が障がい者の情報や課題について共通認識を持つことが重要です。

❶社内のルールや雰囲気を伝える

　会社には、就業規則には記載のない独特のルールや慣例がありま
す。例えば、「始業開始10分前に朝礼を行う」「自分のデスクは自
分で清掃する」「コップは自分で準備する」などです。就業規則に
こうした規則が書かれていない場合はレポートにまとめ、障がい者
が入社する前に支援者と共有しておいてください。このレポートは
障がい者が入社するたびに繰り返し利用できるので、ぜひ用意して
おきましょう。

❷会社のニーズ・課題を明確化し共有する

　会社として、あるいは担当者として「支援者に求めるものは何
か？」を明確にし、率直に伝えることも重要です。

　支援者にも「支援できること」「支援できないこと」があります。
例えば、支援者に「障がい者が離職しそうなので助けてほしい」と
伝えても、支援者は何が問題点なのか、どう改善すればいいのかさっ
ぱりわからないはずです。

　もう一歩踏み込んで「障がい者と面談してほしい」「健康状態を
確認してほしい」など、明確な支援を要請しましょう。

キャリア開発を応援する

障がい者も「成長したい」と考えています。障がい者のキャリアアップは生産性の向上につながりますので、一人ひとりに合ったキャリア開発を行いましょう。

🌱 一人ひとりに合わせたキャリア開発を行う

　人は社会とのかかわりの中で自分を成長させたいという欲求を持っています。障がい者も、自分の成長のために積極的に新しい仕事にチャレンジしたい、昇進もしたいという気持ちを持っていて当然です。日常の仕事ぶりをチェックした結果、本当にステップアップが見込めるのであれば、障がい者の特性にマッチしたキャリア開発を積極的に応援しましょう。

■障がい者を対象とする企業内教育訓練の実施状況

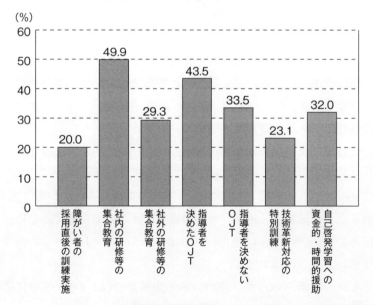

「障がい者の雇用管理とキャリア形成にかかわる研究」より

障がい者の能力開発は、新人教育や集合研修を参考にしてみましょう。職務について改めて研修する機会を用意し、研修後に面談を行って研修の結果を本人にフィードバックします。健常者のステップアップと同様に、障がい者本人が成長するように働きかけていきましょう。

　企業からの質問で「障がい者は一般社員と一緒に研修を受講させてもいいですか？」という内容のものがよくありますが、雇用している障がい者に対して必要な配慮事項に反していなければ、一緒に受講しても何ら問題はありません。

　もちろん、障がいの特性に合わせた個別の配慮は、研修時にも必要となります。例えば、聴覚覚障がい者の場合は手話通訳者を帯同させたり、専用のホワイトボードを準備するなどの配慮は必要ですし、視覚障がい者なら配布資料を大きい文字で用意するなどの配慮が必要になります。

　筆者の場合、障がい者向けの研修を実施する際には、どんな障がい者が参加する予定で、どんな配慮が必要なのかを事前に確認しています。知的障がい者向けの研修なら、研修スケジュールを可視化するために専用のレポートを用意しますし、わかりやすい言葉や絵で資料を作成したりします。また、精神障がい者が研修に参加する場合は、休憩をタイミングよく入れるなど、負荷がかからないように配慮しています。

　なお、前ページで掲示した「障がい者を対象とする企業内教育訓練の実施状況」の調査結果によると、社内の教育訓練実施状況は「社内の集合研修」が最も多くなっているのがわかります。障がい者のキャリア開発の第一歩としてぜひ実施してみてください。

「配置転換・異動・昇進」を実施するには

　部署異動を希望する障がい者に関しては、本人の希望や家庭環境などを踏まえ、充分に検討してから実施します。本人の「できること」「できないこと」をしっかりと把握したうえで異動先を検討することは当然ですが、それ以外にも、異動先の部署との相性や、異動先の部署の準備の進み具合も確認する必要があります。

　契約社員から正社員へ登用される障がい者の方は数多くいます。異動や昇進は障がい者本人にとって大きな成長の機会になります。適正な理由があれば、積極的に異動や昇進を検討してください。

 ## 障がい者雇用の「最初の1人目」は印象が大きい　COLUMN

　企業が雇用する「最初の障がい者」は、社内の障がい者雇用を推進するためにとても重要な役割を果たします。雇用した1人目の障がい者がスムーズに定着できれば、人事部も、職場の担当者も、事前に感じていた不安が解消され、障がい者雇用に対して積極的に肯定することができるはずです。

　初めて障がい者を雇用する企業に障がい者を紹介する際、筆者の場合は事前に企業の状態やニーズを綿密に調査し、最適なマッチングとなるよう心がけています。マッチングには相性があり、職場との相性・スタッフとの相性・業務との相性・障がい者の状態などいろいろな要因で成り立ちます。企業も障がい者もお互いに相性が合わず離職に至ることもあるのです。

　もし、初めて雇用した障がい者が職場の環境と合わなかった場合は、しっかりと原因を探ってください。もし障がい者側に原因があったとしても、「障がい」や「病気」だけに問題点を求めないことです。すると「人」に問題があるのか、業務に問題があるのか、あるいは職場の環境に問題があるのかが明確になり、今後の障がい者雇用に役立てることができます。

第**7**章

障がい者雇用で
成功している企業の事例

「1店舗1人」の障がい者雇用が目標
株式会社ファーストリテイリング

「ユニクロ」「ジーユー」などを展開するファーストリテイリンググループは、積極的に障がい者雇用を行っています。国内グループの障がい者雇用率6.64％を誇る同社の秘訣を紹介します。

🌱 全世界で1000名を超える障がい者スタッフ

　ファーストリテイリンググループは、「ユニクロ」「ジーユー」などを中心に店舗展開しているアパレル企業です。同社の企業方針で積極的に障がい者を受け入れており、「1店舗1人」の障がい者雇用を目標にしています。

　平成25年時点で、同社国内グループの障がい者雇用率は6.64％であり、全世界で働く障がい者スタッフは1000人を超えています。なお同社は、特例子会社を設立せず、障がい者と健常者が同じ職場で働いています。

　障がい別の雇用状況は、知的障がい者が全体の70％を超えています。そして、全体の11％を占める精神障がい者の過半数が発達障がいです。身体障がい別で見ると、内部障がい、聴覚障がい、視覚障がいなどと、さまざまな方が働いています。

🌱 会社の方針

●障がい者雇用「1店舗1人」を目標に

　同社は平成13年以降、「1店舗1人」を目標に、障がい者雇用に取り組んでいます。また、大型店では2名を雇用する方針を打ち出しています。

●障がいのあるスタッフと共に働くことで、顧客サービスの向上につなげる

さまざまな障がいがあるスタッフと共に働くことは、健常者スタッフの育成にもつながっています。特に、障がい者に配慮することで、顧客の立場に立つ力やコミュニケーション力がつくなど、サービス力の向上につながっています。

●障がい者の自立支援を目的の一つとして

同社の障がい者雇用は福祉目的ではなく、一人ひとりの「できること」「配慮して欲しいこと」に重きを置いて職務設計を行い、適切なマッチングをすることで、店舗の戦力として育っていくことを目標にしています。

🌱 同社の障がい者雇用のポイント

●経営トップのコミットメント

柳井社長が障がい者雇用を推進していますが、これが同社の障がい者雇用の大きな原動力となっています。「会社は、社会に生かされた存在である。ゆえに、障がい者雇用は会社の義務である」という考え方が経営理念にあるため、障がい者雇用の担当部署や現場も積極的に障がい者雇用を進めることができるのです。

●現場の風土

現場の特徴として、店舗スタッフは何事も「できない理由」ではなく、「どうしたらできるか？」という「できる理由」を考える風土があります。障がい者雇用に関しても、店舗も障がい者も互いに「できること」を見て、仕事ができる環境を作り出す風土があります。そして、従業員間のコミュニケーションを重視して、人材育成を大切にしています。

●仕事の種類と量が多い

同社では清掃、レジ、接客などとさまざまな業務がありますが、

これが障がい者一人ひとりの能力や配慮すべき事項、適性とマッチングしています。なお、給与においては、健常者と障がい者の区別はありません。

●社外、社内との2つの連携を重視

同社では、社外、社内の相互の連携を重視しています。

まず、社外との連携は、全国の地域障害者職業センター、就業・生活支援センター等の支援機関およびハローワークとの連携や、制度の活用が不可欠です。入社前および入社後の、各機関の支援やアドバイスを雇用現場で活用しています。また、職務試行法、ジョブコーチ支援事業、トライアル雇用において、専門的な立場からのアドバイスを受け、それを雇用管理につなげています。

他方、社内においては、山口県にある本部の専任スタッフが、全国1000以上の店舗のサポートを実施しています。サポート内容は、採用、成功事例・失敗事例の共有、問題発生時のサポート、職場実習の調整、啓発活動、進捗管理、環境整備など、多岐にわたります。毎月の障がい者の入社、退職者などの報告、進捗状況を確認し、現場も本部と協調して業務を進めています。特に、問題が発生した際には速やかに対応することを重視しており、初期段階から関係者と連携して問題を解決しています。

■障がい者の仕事の種類

	売り場	店内倉庫	駐車場	トイレ
開店前	商品陳列 清掃	荷受け 商品補充準備 清掃	清掃	清掃
営業時間中	レジ　　　　商品整理 お客様対応　商品補充 裾上げ補正　清掃	商品補充準備	清掃	清掃
閉店後	ポップ取り付け 商品整理 商品補充 清掃	商品補充準備	清掃	清掃

採用時のポイント

●挨拶ができる

挨拶や明るい笑顔ができるかどうかをポイントにしています。ただし、知的障がい者などで、どうしても笑顔ができない方には、補正や品出しなど各人の「できること」を活かした仕事に従事してもらっています。

●報告、連絡、相談ができる

仕事の現場では「チームで働くこと」が必要なので、自ら報告、連絡、相談ができることが必要です。

●通勤、食事など日常生活は単独でできる

障がいによる配慮はしますが、特別な設備改善や扱いはしていません。社会人として自力で通勤や食事ができるなど、生活のための能力は必要です。

●雇用形態

・準社員として採用、週30時間以上の勤務
・休日はシフト制
・半期で契約更新、就労時間の見直し
・社会保険、雇用保険に加入

雇用定着のポイント

●店長が採用し、スタッフ全員でサポートする

障がい者を含め、店舗スタッフの採用権限はすべて店長にあり、同時にその育成にも店長が責任を負います。採用後は店長を中心にスタッフ全員で、障がい者スタッフの育成に努めています。

●早期対応を大切にしている

店舗で何らかの問題が起きた際には、支援機関とともにこれに対応しています。問題の発覚後、対応が早ければ早いほど素早く解決できるため、スピード感を持った対応を重要視しています。

●労務管理

本部の専任スタッフが、全社に在籍する障がい者の毎月の出勤状況、労働時間を把握しています。出勤状況がよくない場合などは、関係者と連携しフォローしています。

🌱 障がい者を雇用した後のメリット

●健常者スタッフが他者への配慮を学べる

健常者のスタッフが障がい者と働くことによって、コミュニケーションのとり方や他者への配慮の方法を自然に学ぶことができ、共に人間的に成長することができます。

●お客さまサービスの向上

・お客さまに対して配慮すべきこと、しなくてもよいことを直感的に理解できるようになります。
・スタッフの障がいへの理解が深まり、自然体で接することができます。
・お客さまが必要としていることを感じ、更なる心配りへつながります。

●新卒社員の、障がい者雇用に対する理解を促す

同じ職場で育つ新卒社員が、障がい者雇用を当たり前と感じることができます。

●その他のメリット

スタッフが店長になったときに、自発的に障がい者雇用を推進で

きるというメリットがあります。

筆者が感じたファーストリテイリンググループの強み

●トップダウンによる障がい者雇用

「1店舗1人」の障がい者雇用を目標とする、という確固たるトップコミットメントが各店舗まで伝わっており、これが全社的な障がい者雇用の強力な推進力となっています。

●障がい者と働くことが当たり前となっている社内風土

周囲のスタッフも障がい者と一緒に働くことが当たり前になっているため、「できることを見つける」「マッチングする」「相手を知ろうとする」社内風土ができ上がっています。また、店長やスーパーバイザーをはじめとするスタッフには、各人の障がい特性、必要な配慮を知ろうとする姿勢が強くあります。

●専門部署のフォロー

障がい者雇用の担当部署が、雇用促進から店舗が抱える問題の解決に至るまで、障がい者スタッフに関するすべての対応を担っています。問題が起きた際に、各関係機関との連携を密にしながら、即座に対応できる体制が整っているのが、同社の強みです。これにより、現場の負担が軽くなっています。

会社概要
- **会社名**：株式会社ファーストリテイリング　FAST RETAILING CO.,LTD.
- **所在地**：山口県山口市佐山717-1
- **設立**：昭和38年5月1日
- **資本金**：102億7395万円
- **年商**：1兆3829億円（平成26年8月期）
- **従業員数**：30,448名（平成26年8月末現在）
- **店舗数**：2,753店　国内ユニクロ852店舗　国外ユニクロ633店舗　グローバル事業1,268店舗（平成26年8月期）
- **主な事業**：ユニクロを中心にした商品企画・生産・物流・販売までを一貫して行うアパレル製造小売企業

「ハートフルプロジェクト」を推進する株式会社良品計画

株式会社良品計画は「ハートフルプロジェクト」によって障がい者雇用を推進しています。健常者と障がい者が「仲間」として共に働く同社の障がい者雇用の秘訣を紹介します。

全社的に障がい者雇用を促進する取り組み

　株式会社良品計画は「無印良品」ブランドの専門店事業の運営・販売で全国に220店舗、海外115店舗を展開しています。平成21年に障がい者雇用を促進する「ハートフルプロジェクト」を立ち上げ、これに全社的に取り組んでいます。平成26年8月時点で、障がい者雇用率が3.7％であり、本部27名、店舗163名（うち身体障がい者21名、知的障がい者30名、精神障がい者139名）の計190名がいきいきと働いています。

　同社の障がい者雇用のきっかけは、平成12年。まず、雇用率0.41％

■「良品計画」の障がい者雇用数の推移

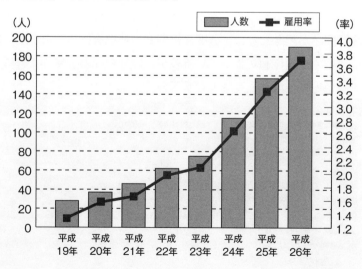

からスタートしました。当初は知的障がい者および身体障がい者採用が中心でした。その後の業績の発展に伴って、店舗数も従業員数も一気に拡大していきます。そして、東京・池袋にある本部での採用だけでは対応できないということになり、平成21年、ハートフルプロジェクトが発足したわけです。

良品計画が展開しているハートフルプロジェクトとは

ハートフルプロジェクトでは、「良品ビジョンの実現（働く仲間の永続的な幸せ）」「企業風土の醸成（仲間を信じ助け合い、ともに育つ）」「職域拡大、雇用定着」を旗印にトップダウンによる障がい者雇用推進を行っています。良品計画の求める人材像は人柄重視で、「一緒に働ける人、一緒に仲間となれる人」を選び、能力よりも本人が仕事を楽しみ、やりがいを持って学べることを重要視しています。障がい別で選んだわけではありませんが、下記に示す基準で採用した結果、雇用している190名中の139名、約70％が精神障がい者となっています。

ハートフルプロジェクトの採用基準と実際に採用されている精神障がい者の傾向を比較すると、企業のニーズと精神障がい者の傾向がぴったりと合っています。採用のニーズと整合した結果、精神障

■ハートフルプロジェクトの採用基準

- 働く意欲のある人
- 働く仲間となれる人
- 社会人としてのマナーを持っている人
- 協調性のある人
- 障がいを受容できている人
- 無印良品が好きな人

■実際に良品計画で雇用されている精神障がい者の傾向

- 働く意思が強い
- 社会的なルールやマナーを理解している
- 業務の指示、指導がスムーズに伝わる
- まじめで良好な勤務態度が期待できる
- 業務を行う際の動作に制約がない

がい者が多く活躍している会社であることがわかります。

良品計画における採用時の3つのポイント

●スロースタートから始める

　誰でも環境に慣れるまではストレスがかかるため、すぐに成果を求めず、最初はスロースタート（時短勤務）から始めています。「私はフルタイム勤務ができます」という障がい者でも、30時間以上働くと体調を崩す場合が多いのです。本人の強い意志があっても、まずは1日4〜5時間、週4日程度の勤務で、段階を踏んで業務に慣れてもらうことを丁寧に実施しています。

●支援機関を活用する

　同社では必ず就労支援機関に対して、障がい者の個別の特徴を確認しています。特に精神障がい者は、勤務後に不安定になるケースが多く、その際に相談できる支援機関があることは効果的です。

　面接で「私は支援機関は不要です」という方でも、雇用後、壁にぶつかった時、会社と本人によるフォローでは解決できない場合があります。そのような時に支援機関が第三者として支援や解決をしてくれる場合もあり、社外の資源として重要視しています。

●集合研修（都市部のみ）を実施する

　従業員を各店舗に配属する前に、本部での集合研修を実施しています。他店舗との横のつながりを持ち、店舗同士が交流することによって仲間意識を持ってもらいます。勤務後も連絡を取り合ったり、人間的交流ができることによって障がい者の孤立化を防ぐことができています。

　中には、業務遂行能力はあるが自信がない方もいます。そのような方に自信を持ってもらうため、全員で接客の訓練を実施し、成功体験を重ねたうえで、配属当日には現場に臨むことができるように

しています。すなわち「入社前研修」のような仕組みです。

良品計画における雇用定着の3つのポイント

●最初の2週間がカギ

障がい者の入社後最初の2週間の重要性を考慮して、個人別の配慮事項や支援機関をまとめた「情報共有シート」を作成し社内で共有しています。「指示はゆっくりしてください」「確認をしっかりしてください」というように個人の特性を把握し、一緒に働くスタッフが情報を共有しながら最初の2週間を丁寧にフォローしています。

●ほめることを大切にする

障がいの有無に関わりなく、人は頑張ったことをほめられると「職場に役立っている」「自分の居場所がある」「スタッフの一員である」という実感を持つものです。同社では人を賞賛することも重視して、スタッフの長所を伸ばすためにも一人ひとりの特性をしっかり見極めることをポイントにしています。

●相互の「働きやすさ」を大切にする

障がい者の勤務パターンや業務の要求値は本人の特徴や個々の状態に合わせます。

一方で能力やスキルの判断は、店長が客観的に見極め・調整をすることで、障がい者も企業も「働きやすい」職場をつくっています。

まず、勤務パターンの多様化が挙げられます。会社の都合よりも働く従業員を優先し、勤務時間を短く設定するなど、人それぞれの体調や生活に合わせて無理のないシフトを共同でつくっています。

次に、業務の要求値の多様化です。店舗の要求値に個人が合わせるのでなく、個人のスキルに合わせて、業務内容を決めています。また、業務レベルが低い場合は、人それぞれの障がい、特性に合わ

せて無理のない専門業務を共同でつくっています。

　そして、スキルの客観的判断を行っています。スキルレベルの判断は自己の判断ではなく、店長の判断が優先されています。障がい者の区別についても「やりたい」と「できる」の判断は、個々の意思ではなく、店長の客観的な判断に任せています。

良品計画における障がい者雇用による2つのメリット

●接客サービスの向上

　障がい者と働くことで心遣いができるようになり、社員のお客様に対する接客レベルが上がりました。

●指導者の指導レベルが上がる

　以前の指導方法では相手に意図が伝わらないケースがありました。その際に指導者が「伝え方が弱い」と改めて気づき、「伝える力」の重要さを再認識することができました。

筆者が感じた良品計画の強み

●ビジョンがある

　良品ビジョン「働く仲間の永続的な幸せを」が組織の土台にあり、従業員それぞれが目標を持ち、成果をみんなで喜び合う風土が共有されています。これは通り一遍のスローガンではなく、会社の隅々にまで浸透しているのです。

●ビジョンを共有する現場スタッフがいる

　ビジョンを共有する現場スタッフがいることも強みです。「仲間を信じ助け合い、ともに育つ」企業風土が醸成されており、同時にこれに共感できるスタッフがいます。そのような風土の中で障がい者スタッフを雇用し育成できる現場があることも強みです。

●ロードマップがある

同社には、「平成27年には障がい者雇用率5％を目指す」というロードマップ（具体的な目標と計画）があります。このロードマップに全社的に取り組んでいるため、トップダウンによる具体的な成果目標が設定され、現場・人事部門が共に全社的・組織的に機能しています。

■「良品計画」障がい者雇用の3本の柱

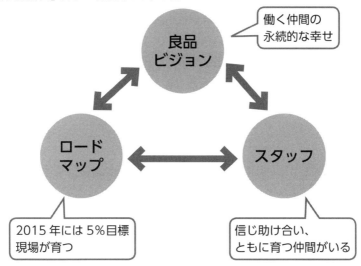

※3つの柱が相互に関係しながら障がい者雇用を推進している

会社情報
- 会社名：株式会社良品計画　　RyohinKeikaku Co.,Ltd
- 所在地：東京都豊島区東池袋4－26－3
- 設立：平成元年6月
- 資本金：67億6625万円
- 年商：1580億円（平成26年2月期営業収益）
- 従業員数：5728名（アルバイト・パートタイム社員　4290名含む／平成26年2月末現在）
- 店舗数：国内直営店269店舗　商品供給店116店舗　海外255店舗（平成26年2月末日現在）
- 主な事業：「無印良品」を中心として専門店事業の運営／商品企画／開発／製造／卸しおよび販売

障がい者の障がい者による障がい者雇用のための啓発事業

「障がい者と企業の架け橋に」なるように始まった「はたらく障がい者プロジェクト」。障がい者雇用セミナーなどを実施し、実際に障がい者雇用も行っています。

🌱 障がい者によって運営される障がい者就職支援

　「はたらく障がい者プロジェクト」では平成22年〜24年度の3年間、広島県障がい者雇用創出事業にて障がい者を採用し事業を運営しました。3年間のプロジェクトで19名（身体障がい者5名、知的障がい者2名、精神障がい者6名、発達障がい者6名）の障がい者を雇用・支援しました。

　「障がい者の視点」を採り入れながら、企業向けの障がい者雇用セミナーや職場定着支援セミナー・障がい者雇用フォーラム・職場体験を実施しています。一方、働く意欲のある障がい者に向けた就職支援セミナーを実施し、障がい者のスタッフがすべての事業企画・

■生き生きと働く障がい者

運営を行いました。

　プロジェクトマネージャーの池田倫太郎氏は、広島県からの障がい者雇用創出事業の受託をきっかけとして障がい者雇用を始めました。これまでの人生の中で障がい者との接点は一切なく、事業受託を機に「障がい者の雇用」と現状について知ることになりました。

障がい者雇用のポイント

●一人ひとりを見る

　障がいの特性を見るのはもちろんですが、その人の特性を見ていくことが重要です。その人の仕事に対する想いや、できること・できないこと・その人自身を見ることが重要です。

●障がいを知る

　障がい者の情報を最低限知るということは大変重要です。障がい者について理解することで、支援できることや配慮できることがあります。配慮できるか、できないかの差が職場定着に大きくかかわってきます。

●支援機関を活用する

　人事や直属の上司が障がい者のすべての部分をサポートすることは難しいことです。そこで、障がい者の就労をサポートしてくれる支援機関を有効活用しています。支援機関者は仕事上の悩みや会社では話せないことを聴くなど、本人と会社の間に入って調整をしてくれます。支援機関をうまく使うことができれば、障がい者の職場の定着率の向上につなげることができます。

障がい特性の把握の重要性を痛感した事例

●発達障がい者・50代男性Aさんの事例

　Aさんはアスペルガー症候群の診断を受けていました。2次障がいでうつ病を併発していますが、真面目で責任感が強いので任された業務は必ず最後までやりきろうとすることと、どんな仕事でもまずはやってみるという姿勢がありました。過去にもアスペルガー症候群の社員を雇用した経験があり、Aさんにも適切な配慮はしていた"つもり"でした。しかし、Aさんの「やる気」に隠れた現実を見抜くことができませんでした。

　ある日のミーティング中にAさんは体調不良を訴えました。

　医者からは「挑戦と無謀な挑戦は違う」と指摘され、マネージャーが指示していた「電話応対」の仕事はAさんにとって無謀な挑戦であったことがわかりました。

　実は、Aさんは耳からの情報を処理することができません。しかし、Aさんの「電話応対をできるようになりたい！」という強いやる気だけに焦点が当てられ、本来の「できること」「できないこと」「配慮すること」をしっかり把握できていませんでした。

　結果、Aさんは2か月間の自宅療養を余儀なくされました。

　この事例から、同じ「障がい」でも一人ひとりの状態を見極めること、そして雇用管理することの重要性を再確認しました。

●発達障がい者・Bさんと聴覚障がい者・Cさんの事例

　ある日の朝礼で、発達障がいのBさんが、聴覚障がいのスタッフCさんに「今日は、電話応対はできますか？」と聞きました。電話の受付業務が可能かを確認するためです。聴覚障がい者のCさんは補聴器をつけているので、日ごろは電話の対応ができます。しかし、その日は体調と耳の聞こえが不調のため「今日は電話の仕事はできない」と答えました。すると発達障がいのBさんは「Cさんは電話応対ができないのであれば、今日は仕事がないね」と何気なく言い

ました。聴覚障がいのCさんはその一言を「耳が聞こえないから仕事がない。自分は必要とされていない」と捉えてしまい、泣きながらトイレに駆け込み、深く傷付いてしまいました。

Bさんは発達障がいのアスペルガー症候群のため相手の感情を読むことが苦手で、本人は悪意なく発言してしまったのです。

その後、聴覚障がいのCさんは発達障がいの特性について調べました。そこでBさんには悪気がなかったことに気づき、話し合いの末、和解できました。個性とは人それぞれ異なることは頭ではわかっていましたが、個人の障がいや特性をオープンにして伝え、お互いが理解し合えるまで伝え切ることが大事だと痛感しました。

障がい者雇用フォーラムの開催

プロジェクトでは、その集大成と成果発表を目的にフォーラムを年に1回実施しました。初年度の平成23年には「ユニクロ」で有名なファーストリテイリングの講演や有識者のパネルディスカッションを行い、定員250名を大きく上回る288名の参加者が来場して大盛況となりました。新聞やテレビなどマスコミからも計6回ほど取材を受け、大成功となりました。

障がい者雇用によるメリット

●仕事に対する視点が変わり、できる方法を考えるようになった

障がい者雇用を行った結果、自分の意図を相手に伝えるためにはどうすればいいのか、効率よく仕事をこなすためにはどうすればいいのかを深く考えるようになり、その結果、自分の能力もアップしたと思います。

発達障がい者や精神障がい者には特に、発信者の意図が伝わりづらかったり、体調不良で出社できなかったりすることが多くあります。そこでどんな仕事でも進捗状況を示すことと、目的を語ること

を心がけました。仕事の目的を明確にすることで、障がい者スタッフとのコミュニケーションはもちろん、ほかの社員とのコミュニケーションもスムーズになりチームワークもよくなりました。

●障がい者が一生懸命に仕事をして成果が出たことが、ほかの社員のモチベーションアップにつながった

障がいのある社員が一生懸命に取り組んでいる姿や成果を出している姿が、事務所内のほかの社員に対して一生懸命に仕事に取り組むことの大切さを実感させ、やればできるというモチベーションアップにつながりました。

●社外の協力者が増えた

障がい者雇用を通じたセミナーでの事例や職場実習など、プロジェクトの取組みに快く力を貸してくださる企業や支援者の方々が増えました。

このプロジェクトで培った縁は、今も事業運営につながっています。これも一生懸命に取り組む障がい者の姿に共感をしていただけたからこそのものです。

🌱 障がい者雇用で多くのことを学んだ　池田倫太郎氏の感想

事業開始時は障がいについての知識もなく、いきなり5名の障がい者の雇用管理を任されて毎日が本当に大変でした。多くの失敗もしましたが、その中で学ばせていただいたことは貴重な自分自身の財産となっております。

今までの仕事では「なんとなく」で指示を出すなど、感覚的に伝えていました。すると発達障がい者のスタッフには指示が通じない、わかってもらえないなどの経験をしました。障がい者と共に働いて、感覚的な指示や言葉を具体的にすることで自分自身を大きく成長させることができました。

今後は私を育ててくれた障がい者や企業の障がい者雇用のために、就労移行支援事業所「株式会社チャレンジド・アソウ」の事業を通して恩返しをしていきます。

「はたらく障がい者プロジェクト」の秘訣は向き合うこと

　自分と合わない人、わかり合えない人というのは必ずいるものですが、これは障がい者同士でも同じです。新規のプロジェクトで障がい者のスタッフ同士が初めて一緒に仕事を行う場合も、「自分の障がいをうまく伝えられない」「相手のできないことがわからない」など、多くの課題が発生しました。それでも、お互いにオープンな付き合いをすることで、「できない原因が障がいによるものなのか」「個人の社会性が乏しいからなのか」「単なる甘えなのか」をお互いが指摘し合い、理解し合うことで成長できたと実感しました。

　自分の内面と向き合うことは特に苦痛をともなう作業ですが、逃げずに向き合ったことが障がい者の人間的成長につながり、ひいてはプロジェクトの成功にもつながったと感じています。

　なお、これまでの事業運営で痛感した「企業と障がい者の溝」を埋める支援を実施するため、平成25年3月より「障がい者就労移行支援事業所　株式会社チャレンジド・アソウ」が設立されています。1名でも多くの障がい者のために役立ち、関わるすべての企業の役に立つ事業を実施してほしいと期待しています。

会社情報
- 事業名：はたらく障がい者プロジェクト
- 所在地：広島市中区立町2-23
- 事業内容：障がい者雇用支援
- 企業様へのサービスメニュー：障がい者雇用セミナー、企業交流会、見学会、障がい者雇用フォーラム
- 障がい者向けのサービスメニュー：就職支援セミナー、はたらく力をつける講座

相談・支援機関の紹介

ここでは、社外の相談・支援機関を紹介します。これらの外部機関を上手に活用し、障がい者雇用を進めましょう。

🌱 ハローワーク

就職を希望する障がい者の求職登録を行い（就職後のアフターケアまで一貫して利用）、専門職員や職業相談員がケースワーク方式により障がいの種類・程度に応じたきめ細かな職業相談・紹介、職場定着指導等を実施します。

🌱 地域障害者職業センター

障がい者に対して、職業評価、職業指導、職業準備訓練、職場適応援助等の専門的な職業リハビリテーション、事業主に対する雇用管理に関する助言等を実施します。

🌱 障害者就業・生活支援センター

障がい者の身近な地域において、雇用、保健福祉、教育等の関係機関の連携拠点として、就業面及び生活面における一体的な相談支援を実施します。

🌱 発達障害者支援センター

発達障がい者が充実した生活を送れるように保険、医療、福祉、教育、労働などの関係機関と連携しながら、本人やその家族に対する支援を行うとともに、地域の支援体制の充実を図ります。

難病相談・支援センター

　難病患者等の療養上、生活上の悩みや不安等の解消を図るとともに、電話や面接などによる相談、患者会などの交流促進、就労支援など、難病患者等がもつさまざまなニーズに対応することを目的としています。

 ## 独立行政法人　高齢・障害・求職者雇用支援機構

　高齢者の雇用の確保、障がい者の職業的自立の推進、求職者その他労働者の職業能力の開発及び向上のために、高齢者、障がい者、求職者、事業主等の方々に対して総合的な支援を行っています。

■厚生労働における事業主が利用できる支援策の紹介

障害者雇用に関する各種相談・支援機関
ハローワーク
就職を希望する障害者の求職登録を行い（就職後のアフターケアまで一貫して利用）、専門職員や職業相談員がケースワーク方式により障害の種類・程度に応じたきめ細かな職業相談・紹介、職場定着指導等を実施します。
概要[124KB] 一覧
地域障害者職業センター
障害者に対して、職業評価、職業指導、職業準備訓練、職場適応援助等の専門的な職業リハビリテーション、事業主に対する雇用管理に関する助言等を実施します。
概要[85KB] 一覧
障害者就業・生活支援センター
障害者の身近な地域において、雇用、保健福祉、教育等の関係機関の連携拠点として、就業面及び生活面における一体的な相談支援を実施します。
概要[194KB] 一覧[533KB]
在宅就業支援団体
在宅就業障害者に対する支援を行う団体として厚生労働大臣に申請し、登録を受けた法人です。
・在宅就業支援制度 在宅就業支援団体[100KB]
障害者職業能力開発校
一般の公共職業能力開発施設において職業訓練を受講することが困難な重度障害者等を対象とした職業訓練を実施しています。
発達障害者支援センター

http://www.mhlw.go.jp/stf/seisakunitsuite/bunya/koyou_roudou/koyou/shougaishakoyou/shisaku/jigyounushi/index.html
厚生労働省ではホームページで各種相談・支援機関の紹介を行っている。

巻末資料

巻末資料
国の障がい者雇用対策

国が行っている障がい者雇用の対策には、いろいろな制度、特例などがあります。ここではそれらの対策を紹介します。

特例子会社制度とは

特例子会社制度とは、障がい者の雇用の促進及び安定を図るための制度です。事業主が障がい者の雇用のために特別の配慮をした子会社を設立した場合、一定の要件を満たしていれば、特例としてその子会社に雇用されている労働者を親会社に雇用されているものとみなして、実雇用率を算定できます。また、特例子会社を持つ親会社については、関係する子会社も含め、企業グループ全体で実雇用率を算定することができます。

■特例子会社認定の要件

（1）親会社の要件

親会社が、当該子会社の意思決定機関（株主総会等）を支配していること。具体的には、子会社の議決権の過半数を有すること等。

（2）子会社の要件

①親会社との人的関係が緊密であること。具体的には、親会社からの役員派遣等。

②雇用される障害者が5人以上で、全従業員に占める割合が20％以上であること。また、雇用される障がい者に占める重度身体障がい者、知的障がい者及び精神障がい者の割合が30％以上であること。

③　障がい者の雇用管理を適正に行うに足りる能力を有していること。（具体的には、障がい者のための施設の改善、専任の指導員の配置等）

④　その他、障害者の雇用の促進及び安定が確実に達成されると認められること。

厚生労働省　障害者雇用率制度　特例子会社制度等の概要より

企業グループ算定特例とは

　各子会社において、障がい者を一定数雇用しているなど、定められた要件をみたす企業グループとして厚生労働大臣の認定を受けたものについては、特例子会社がない場合であっても、実雇用率や雇用義務数の基礎となる労働者数・実雇用障がい者数を企業グループ全体で通算する特例を設けています。

■企業グループ算定特例認定の要件

> （1）親会社の要件
> ①親会社が、当該子会社の意思決定機関（株主総会等）を支配していること。
> ②親会社が障がい者雇用推進者を選任していること。
> （2）関係子会社の要件
> ①各子会社の規模に応じて、それぞれ常用労働者数に1.2％を乗じた数以上の障がい者を雇用していること。ただし、中小企業については、次に掲げる数以上の障がい者を雇用していること。
> ア　常用労働者数167人未満　　　　　　　要件なし
> イ　常用労働者数167人以上250人未満　障がい者1人
> ウ　常用労働者数250人以上300人以下　障がい者2人
> ②障がい者の雇用管理を適正に行うことができると認められること（具体的には、障がい者のための施設の改善、選任の指導員の配置等）またはほかの子会社が雇用する障がい者の業務に関し、人間関係もしくは営業上の関係が緊密であること。
> ③その他、障がい者の雇用の促進および安定が確実に達成されると認められること。

厚生労働省　障害者雇用率制度　企業グループ算定特例の概要

 ## 事業協同組合等算定特例とは

　中小企業が共同で事業協同組合等を設立して障がい者を雇用し、各中小企業において一定数の障がいのある人を雇用しているなど、定められた要件をみたしたうえで厚生労働大臣の認定を受けた場合、その事業協同組合等とその組合員である中小企業において、実雇用率や雇用義務数の基礎となる労働者数や雇用障がい者数を通算する特例を設けています。

■事業協同組合等算定特例認定の要件

（1）事業協同組合等の要件

①事業協同組合、水産加工協同組合、商工組合または商店街振興組合であること。

②規約等に、事業協同組合等が障がい者雇用納付金等を徴収された場合に、特定事業主における障がい者の雇用状況に応じて、障がい者雇用納付金の経費を特定事業主に賦課する旨の定めがあること。

③事業協同組合等および特定事業主における障がい者の雇用の促進および安定に関する事業（雇用促進事業）を適切に実施するための計画（実施計画）を作成し、この実施計画に従って、障がい者の雇用の促進および安定を確実に達成することができると認められること。

④自ら1人以上の障がい者を雇用し、また、雇用する常用労働者に対する雇用障がい者の割合が、20％を超えていること。

⑤自ら雇用する障がい者に対して、適切な雇用管理を行うことができると認められること。（障がい者のための施設の改善、専任の指導員の配置等）

（2）特定事業主の要件

①事業協同組合等の組合員であること。

②雇用する常用労働者の数が50人以上であること。

③子会社特例、関係会社特例、関係子会社特例またはほかの特定事業主特例の認定を受けておらず、当該認定にかかわる子会社、関係会社、関係子会社または特定事業主でないこと。

④事業協同組合等の行う事業と特定事業主の行う事業との人的関係または営業上の関係が緊密であること。

⑤その規模に応じて、それぞれ次に掲げる数以上の障がい者を雇用していること。

ア　常用労働者数167人未満　　　　　　要件なし

イ　常用労働者数167人以上250人未満　障がい者1人

ウ　常用労働者数250人以上300人以下　障がい者2人

厚生労働省　障害者雇用率制度　事業協同組合等算定特例の概要

 民間企業の除外率制度とは

　障がい者雇用が難しいと判断される一定の業種については、障害者雇用率制度で課せられる義務が除外される制度です。将来的には廃止となる予定で、現在は段階的に縮小されています。

■ハローワークの指導方法

実雇用率の低い事業所については、ハローワークから雇用率達成指導が入り、「雇い入れ計画」の着実な実施による障がい者雇用の推進を指導しています。

①雇用状況報告（毎年6月1日の状況）
（障がい者雇用促進法　第43条第7項）

②雇い入れ計画作成命令（2年計画）
※翌年1月を始期とする2年間の計画を作成するよう、公共職業安定所長が命令を発出（同法第46条第1項）

③雇い入れ計画の適正実施勧告
※計画の1年目終了時に実施状況が悪い企業に対し、適正な実施を勧告（同法第46条第6項）

④特別指導
※雇用状況の改善が特に遅れている企業に対し、公表を前提とした特別指導を実施（計画期間終了後に9か月間）

⑤企業名の公表
※（同法第47条）

■特例子会社一覧（平成30年6月1日現在486社）

番号	都道府県	特例子会社名	特例子会社所在地	親会社名	親会社名所在地
1	北海道	上磯興業㈱	北斗市	太平洋セメント㈱	東京
2		㈱テルベ	北見市	㈱セブン&アイ・ホールディングス	東京
3		北海道はまなす食品㈱	北広島市	生活協同組合コープさっぽろ	北海道
4		㈱ほくでんアソシエ	札幌市	北海道電力㈱	北海道
5		㈱ワタキュークリーン	石狩市	ワタキューセイモア㈱	京都
6		NTSプリント工房㈱	札幌市	NTSホールディングス㈱	東京
7	宮城県	アビリティーズジャスコ㈱	仙台市	イオン㈱	千葉
8		㈱カローラ宮城テック	仙台市	トヨタカローラ宮城㈱	宮城
9		㈱ウジエクリーンサービス	登米市	㈱ウジエスーパー	宮城
10		㈱クリーン&クリーン	仙台市	東洋ワーク㈱	宮城
11	秋田県	㈱POCHIワン	秋田市	日本一ホールディングス㈱	千葉
12	山形県	㈲エプソンスワン	酒田市	セイコーエプソン㈱	長野
13	福島県	㈱ニラク・メリスト	郡山市	㈱ニラク	福島
14		㈱とうほうスマイル	福島市	㈱東邦銀行	福島
15		㈱さんしゃいんクレハ	いわき市	㈱クレハ	東京
16		㈱ハニーズハートフルサポート	いわき市	㈱ハニーズホールディングス	福島
17	茨城県	NTK石岡ワークス㈱	石岡市	日本通信紙㈱	東京
18		日鉄住金鹿島ビジネス㈱	鹿島市	新日鐵住金㈱	東京
19		㈱アンシェール	鹿島市	医療法人社団善仁会	茨城
20		㈱平山LACC	稲敷市	㈱平山ホールディングス	東京
21		サンシャイン茨城	笠間市	㈱日立製作所	東京
22	栃木県	JSPモールディング㈱	鹿沼市	㈱JSP	東京
23		ウィズ・クリタ㈱	下都賀郡野木町	栗田工業㈱	東京
24		CDPフロンティア㈱	宇都宮市	シーデーピージャパン㈱	栃木
25		デクセリアルズ希望㈱	鹿沼市	デクセリアルズ㈱	東京
26	群馬県	明電ユニバーサルサービス㈱	太田市	㈱明電舎	東京
27		㈱アムコ	桐生市	㈱ミツバ	群馬
28		㈱ハンプティーダンプティーティーパーティー	高崎市	㈱ハンプティーダンプティー	群馬
29		㈱フレッセイヒューマンズネット	前橋市	㈱フレッセイ	群馬
30		サンデンブライトパートナー㈱	伊勢崎市	サンデンホールディングス㈱	群馬
31		㈱セントラルリリーフ	前橋市	㈱セントラルサービス	群馬
32		スバルブルーム㈱	太田市	㈱SUBARU	東京
33		㈱ブルースカイワン	伊勢崎市	㈱栄久	群馬
34		㈱環境福祉サービス	高崎市	㈱環境システムズ	群馬
35		㈱ジンズノーマ	前橋市	㈱ジンズ	東京
36	埼玉県	㈱アドバンス	狭山市	㈱コーセー	東京
37		㈱日立金属ハロー	熊谷市	日立金属㈱	東京
38		㈱西友サービス	川越市	合同会社西友	東京
39		㈱エム・エル・エス	東松山市	㈱松屋フーズ	東京
40		㈱マルイキットセンター	戸田市	㈱丸井グループ	東京
41		あけぼの123㈱	羽生市	曙ブレーキ工業㈱	埼玉
42		㈱アドバンテストグリーン	加須市	㈱アドバンテスト	東京
43		㈱UACJグリーンネット	深谷市	㈱UACJ	東京
44		㈱シンフォニア東武	春日部市	東武鉄道㈱	東京
45		㈱西武パレット	所沢市	西武鉄道㈱	埼玉
46		㈱富士薬品ユニバーサルネット	さいたま市大宮区	㈱富士薬品	埼玉
47		㈱JR東日本グリーンパートナーズ	戸田市	東日本旅客鉄道㈱	東京
48		MCSハートフル㈱	さいたま市大宮区	メディカル・ケア・サービス㈱	埼玉

番号	都道府県	特例子会社名	特例子会社所在地	親会社名	親会社名所在地
49	埼玉県	ウエルシアオアシス㈱	さいたま市見沼区	ウエルシア薬局㈱	東京
50		㈱トライ・ウィズ	深谷市	東京ワックス㈱	埼玉
51		㈱ウィズリサイクル	さいたま市大宮区	㈱ウィズウェイストジャパン	埼玉
52		㈱ミクニ ライフ＆オート	加須市	㈱ミクニ	東京
53		㈱カインズビジネスサービス	本庄市	㈱カインズ	埼玉
54		ポラスシェアード㈱	越谷市	ポラス㈱	埼玉
55		SAPハピネス㈱	川口市	サンキョー㈱	埼玉
56		㈱TXハーモニー	八潮市	首都圏新都市鉄道㈱	東京
57		㈱エコ計画フレンズ	さいたま市浦和区	㈱エコ計画	埼玉
58		㈱ニューメック	上尾市	UDトラックス㈱	埼玉
59		藤栄サービス㈱	さいたま市岩槻区	藤倉ゴム工業㈱	東京
60		むさしのハーモニー㈱	さいたま市大宮区	㈱武蔵野銀行	埼玉
61	千葉県	※㈱千葉データセンター	千葉市	東洋エンジニアリング㈱	千葉
62		さくらサービス㈱	市原市	創価学会	東京
63		京成ハーモニー㈱	印旛郡酒々井町	京成電鉄㈱	千葉
64		㈱ニチレイアウラ	船橋市	㈱ニチレイ	東京
65		ちばぎんハートフル㈱	千葉市	㈱千葉銀行	千葉
66		㈱千葉ビジネスサポート	千葉市	㈱千葉薬品	千葉
67		㈱舞浜コーポレーション	浦安市	㈱オリエンタルランド	千葉
68		エイジスコーポレートサービス㈱	千葉市	㈱エイジス	千葉
69		㈱市進アシスト	市川市	㈱市進ホールディングス	千葉
70		㈱フジクラキューブ	佐倉市	㈱フジクラ	東京
71		㈱星野リゾート・ワクワクシステムズ	千葉市	㈱星野リゾート	長野
72		㈱ジェイフレンドリー	成田市	㈱NKSホールディング	東京
73		スターティアウィル㈱	千葉市	スターティアホールディングス㈱	東京
74	東京都	菱信データ㈱	港区	三菱UFJ信託銀行㈱	東京
75		三井物産ビジネスパートナーズ㈱	千代田区	三井物産㈱	東京
76		㈱あおばウォッチサービス	江東区	セイコーホールディングス㈱	東京
77		㈱TDS	府中市	国際航業㈱	東京
78		㈱日立ハイテクサポート	港区	㈱日立ハイテクノロジーズ	東京
79		㈱リクルートオフィスサポート	中央区	㈱リクルートホールディングス	東京
80		㈱長谷工システムズ	港区	㈱長谷工コーポレーション	東京
81		㈱JTBデータサービス	江東区	㈱ジェイティービー	東京
82		※東京都プリプレス・トッパン㈱	板橋区	凸版印刷㈱	東京
83		ANAウイング・フェローズ・ヴィ王子㈱	大田区	ANAホールディングス㈱	東京
84		日通ハートフル㈱	港区	日本通運㈱	東京
85		㈱ヒューマン・グリーンサービス	府中市	㈱アサンテ	東京
86		㈱オレンジジャムコ	立川市	㈱ジャムコ	東京
87		㈱フロンティア日建設計	千代田区	㈱日建設計	東京
88		㈱九段パルス	千代田区	㈱小学館	東京
89		ソニー希望・光㈱	品川区	ソニー㈱	東京
90		オーク・フレンドリーサービス㈱	墨田区	㈱大林組	東京
91		横河ファウンドリー㈱	武蔵野市	横河電機㈱	東京
92		ジョブサポートパワー㈱	立川市	マンパワーグループ㈱	神奈川
93		みずほビジネス・チャレンジド㈱	町田市	㈱みずほフィナンシャルグループ	東京
94		NECフレンドリースタフ㈱	府中市	日本電気㈱	東京
95		㈱ビジネスプラス	府中市	りらいあコミュニケーションズ㈱	東京
96		㈱キユーピーあい	町田市	キユーピー㈱	東京
97		フレンドリーエーム㈱	港区	エームサービス㈱	東京
98		㈱エイチ・ティ・ソリューションズ	豊島区	㈱光通信	東京

番号	都道府県	特例子会社名	特例子会社所在地	親会社名	親会社名所在地
99		㈱沖ワークウェル	港区	沖電気工業㈱	東京
100		ブリヂストンチャレンジド㈱	小平市	㈱ブリヂストン	東京
101		㈱ビルケアスタッフ	足立区	㈱日立ビルシステム	東京
102		太平洋サービス㈱	港区	太平洋セメント㈱	東京
103		㈱京王シンシアスタッフ	多摩市	京王電鉄㈱	東京
104		㈱博報堂DYアイ・オー	江東区	㈱博報堂DYホールディングス	東京
105		㈱メトロフルール	江東区	東京地下鉄㈱	東京
106		アステラス総合教育研究所㈱	中央区	アステラス製薬㈱	東京
107		㈱ベネッセビジネスメイト	多摩市	㈱ベネッセホールディングス	岡山
108		NTTクラルティ㈱	武蔵野市	日本電信電話㈱	東京
109		大東コーポレートサービス㈱	品川区	大東建託㈱	東京
110		㈱トランスコスモス・アシスト	渋谷区	トランス・コスモス㈱	東京
111		㈱スワン	中央区	ヤマトホールディングス㈱	東京
112		花王ピオニー㈱	墨田区	花王㈱	東京
113		花椿ファクトリー㈱	港区	㈱資生堂	東京
114		ファースト・ファシリティーズ・チャレンジド㈱	中央区	三井不動産ファシリティーズ㈱	東京
115		プルデンシャル・ジェネラルサービス・ジャパン㈲	千代田区	プルデンシャル生命保険㈱	東京
116		㈱バンダイナムコウィル	港区	㈱バンダイナムコホールディングス	東京
117		豊通オフィスサービス㈱	港区	豊田通商㈱	愛知
118		第一生命チャレンジド㈱	北区	第一生命ホールディングス㈱	東京
119		トーマツチャレンジド㈱	港区	有限責任監査法人トーマツ	東京
120		㈱エイジェックフレンドリー	新宿区	㈱エイジェック	東京
121		㈱オー・エス・シー・フーズ	昭島市	㈱Olympicグループ	東京
122		㈱ダイヤモンドグラフィック社	千代田区	㈱ダイヤモンド社	東京
123	東京都	㈱サンキュウ・ウィズ	中央区	山九㈱	東京
124		オリックス業務支援㈱	立川市	オリックス㈱	東京
125		王子クリーンメイト㈱	中央区	王子ホールディングス㈱	東京
126		コネクシオウィズ㈱	墨田区	コネクシオ㈱	東京
127		㈱サイバーエージェントウィル	渋谷区	㈱サイバーエージェント	東京
128		㈱クリナップハートフル	荒川区	クリナップ㈱	東京
129		㈱レナウンハートフルサポート	江東区	㈱レナウン	東京
130		㈱WUサービス	新宿区	学校法人　早稲田大学	東京
131		㈱アイエスエフネットハーモニー	中野区	㈱アイエスエフネット	東京
132		ゆうせいチャレンジド㈱	世田谷区	日本郵政㈱	東京
133		日野ハーモニー㈱	日野市	日野自動車㈱	東京
134		楽天ソシオビジネス㈱	世田谷区	楽天㈱	東京
135		㈱リクルートスタッフィングクラフツ	中央区	㈱リクルートスタッフィング	東京
136		リベラル㈱	江戸川区	ラディックス㈱	東京
137		㈱KDDIチャレンジド	千代田区	KDDI㈱	東京
138		ベイク・ド・ナチュレ㈱	大田区	エン・ジャパン㈱	東京
139		㈱NTTデータだいち	江東区	㈱NTTデータ	東京
140		東電ハミングワーク㈱	日野市	東京電力ホールディングス㈱	東京
141		丸紅オフィスサポート㈱	中央区	丸紅㈱	東京
142		㈱パソナハートフル	千代田区	㈱パソナグループ	東京
143		クオールアシスト㈱	中央区	クオール㈱	東京
144		パーソルサンクス㈱	中野区	パーソルホールディングス㈱	東京
145		㈱サザビーリーグHR	渋谷区	㈱サザビーリーグ	東京
146		オリンパスサポートメイト㈱	八王子市	オリンパス㈱	東京
147		㈱帝京サポート	板橋区	学校法人　帝京大学	東京
148		㈱三越伊勢丹ソレイユ	新宿区	㈱三越伊勢丹ホールディングス	東京

番号	都道府県	特例子会社名	特例子会社所在地	親会社名	親会社名所在地
149		アフラック・ハートフル・サービス㈱	調布市	アフラック生命保険㈱	東京
150		㈱レオパレス・スマイル	中野区	㈱レオパレス21	東京
151		㈱フルキャストビジネスサポート	品川区	㈱フルキャストホールディングス	東京
152		東京海上ビジネスサポート㈱	千代田区	東京海上ホールディングス㈱	東京
153		※東京都ビジネスサービス㈱	江東区	㈱システナ	東京
154		NSWウィズ㈱	渋谷区	日本システムウエア㈱	東京
155		㈱スクウェア・エニックス・ビジネスサポート	新宿区	㈱スクウェア・エニックス・ホールディングス	東京
156		㈱ひなり	千代田区	伊藤忠テクノソリューションズ㈱	東京
157		ALSOKビジネスサポート㈱	江東区	綜合警備保障㈱	東京
158		イヌ・エル・オー㈱	新宿区	日本ロレアル㈱	東京
159		おれんじ・ふぉれすと㈱	町田市	学校法人　法政大学	東京
160		㈱いなげやウイング	立川市	㈱いなげや	東京
161		㈱ぐるなびサポートアソシエ	千代田区	㈱ぐるなび	東京
162		スリープロエージェンシー㈱	新宿区	スリープログループ㈱	東京
163		セコムビジネスプラス㈱	渋谷区	セコム㈱	東京
164		大和ライフプラス㈱	港区	大和ライフネクスト㈱	東京
165		ソランピュア㈱	新宿区	TIS㈱	東京
166		㈱JALサンライト	品川区	日本航空㈱	東京
167		シダックスオフィスパートナー㈱	調布市	シダックス㈱	東京
168		あずさオフィスメイト㈱	千代田区	有限責任あずさ監査法人	東京
169		㈱ソラストフォルテ	千代田区	㈱ソラスト	東京
170		※東京グリーンシステムズ㈱	多摩市	SCSK㈱	東京
171		㈱DTSパレット	中央区	㈱DTS	東京
172		㈱サンドラッグ・ドリームワークス	府中市	㈱サンドラッグ	東京
173	東京都	㈱綜合キャリアトラスト	港区	㈱綜合キャリアオプション	東京
174		㈱テクノプロ・スマイル	港区	テクノプロ・ホールディングス㈱	東京
175		㈱ゼンショービジネスサービス	港区	㈱ゼンショーホールディングス	東京
176		双日ビジネスサポート㈱	千代田区	双日㈱	東京
177		ヨコハマピアサポート㈱	港区	横浜ゴム㈱	東京
178		㈱学研スマイルハート	品川区	㈱学研ホールディングス	東京
179		㈱ハートフルアクア	品川区	㈱ヨンドシーホールディングス	東京
180		㈱共立アシスト	千代田区	㈱共立メンテナンス	東京
181		イトキングリーンアイ㈱	渋谷区	イトキン㈱	東京
182		㈱ローソンウィル	品川区	㈱ローソン	東京
183		日清食品ビジネスサポートプラス㈱	新宿区	日清食品ホールディングス㈱	東京
184		㈱ジェイ・アイ・ハートサービス	新宿区	学校法人　東京女子医科大学	東京
185		シグマフロンティア㈱	品川区	シグマホールディングス㈱	東京
186		㈱プラザクリエイトスタッフサービス	中央区	㈱プラザクリエイト	東京
187		荏原アーネスト㈱	大田区	㈱荏原製作所	東京
188		㈱ビジネスパートナーズ	葛飾区	㈱ダイナムジャパンホールディングス	東京
189		コニカミノルタウィズユー㈱	日野市	コニカミノルタ㈱	東京
190		㈱電通そらり	港区	㈱電通	東京
191		㈱アダストリア・ゼネラルサポート	渋谷区	㈱アダストリア	東京
192		㈱TSI・プロダクション・ネットワーク	港区	㈱TSIホールディングス	東京
193		㈱エースソリューション	港区	㈱エイブル＆パートナーズ	東京
194		㈱ピーエスシースマイル	港区	㈱ピーエスシー	東京
195		住商ウェルサポート㈱	中央区	住友商事㈱	東京
196		㈱マーノ	豊島区	㈱マルエツ	東京
197		メルコテンダーメイツ㈱	千代田区	三菱電機㈱	東京
198		㈱ヒューマントラストフロンティア	台東区	㈱ヒューマントラストホールディングス	東京

番号	都道府県	特例子会社名	特例子会社所在地	親会社名	親会社名所在地
199		㈱ココカラファインソレイユ	大田区	㈱ココカラファイン	神奈川
200		㈱ベル・ソレイユ	中央区	㈱ベルシステム24ホールディングス	東京
201		㈱ジェイコムハート	千代田区	㈱ジュピターテレコム	東京
202		㈱アウトソーシングビジネスサービス	千代田区	㈱アウトソーシング	東京
203		㈱ジケイビジネスサポート	江戸川区	学校法人 滋慶学園	東京
204		セガサミービジネスサポート㈱	港区	セガサミーホールディングス㈱	東京
205		日興みらん㈱	中央区	SMBC日興証券㈱	東京
206		カンダハーティーサービス㈱	北区	カンダホールディングス㈱	東京
207		㈱ドコモ・プラスハーティ	豊島区	㈱NTTドコモ	東京
208		㈱栄光アース	千代田区	㈱ZEホールディングス	東京
209		㈱パーソルチャレンジ	港区	パーソルホールディングス㈱	東京
210		ライオンともに㈱	墨田区	ライオン㈱	東京
211		㈱マイナビパートナーズ	千代田区	㈱マイナビ	東京
212	東京都	HITOWAソーシャルワークス㈱	豊島区	HITOWAホールディングス㈱	東京
213		UTハートフル㈱	品川区	UTグループ㈱	東京
214		農林央金ビジネスアシスト㈱	千代田区	農林中央金庫	東京
215		㈱ゴルフ・アライアンス	品川区	㈱アコーディア・ゴルフ	東京
216		アデコビジネスサポート㈱	港区	アデコ㈱	東京
217		AIGハーモニー	墨田区	AIGジャパン・ホールディングス㈱	東京
218		㈱JFRクリエ	江東区	J.フロントリテイリング㈱	東京
219		明治安田ビジネスプラス㈱	江東区	明治安田生命保険相互会社	東京
220		㈱メイテックビジネスサービス	港区	㈱メイテック	東京
221		㈱クリエイトワークス	新宿区	㈱日本教育クリエイト	東京
222		㈱わらべやハートフル	新宿区	わらべや日洋ホールディングス㈱	東京
223		㈱住化パートナーズ	中央区	住友化学㈱	東京
224		味の素みらい㈱	港区	味の素㈱	東京
225		㈱モスシャイン	品川区	㈱モスフードサービス	東京
226		伊藤忠ユダス㈱	横浜市	伊藤忠商事㈱	東京
227		㈱羽田工作所	川崎市	㈱秀光	神奈川
228		㈱富士電機フロンティア	川崎市	富士電機㈱	東京
229		リコーエスポアール㈱	厚木市	㈱リコー	東京
230		アズビル山武フレンドリー㈱	藤沢市	アズビル㈱	東京
231		㈱スタンレーウェル	秦野市	スタンレー電気㈱	東京
232		㈱ファンケルスマイル	横浜市	㈱ファンケル	神奈川
233		㈱日立ゆうあんどあい	横浜市	㈱日立製作所	東京
234		富士ソフト企画㈱	鎌倉市	富士ソフト㈱	神奈川
235		㈱ニコンつばさ工房	横浜市	㈱ニコン	東京
236		㈱ニッパツ・ハーモニー	横浜市	日本発条㈱	神奈川
237	神奈川県	㈲AGCサンスマイル	横浜市	旭硝子㈱	東京
238		JFEアップル東日本㈱	川崎市	JFEスチール㈱	東京
239		㈱京急ウィズ	逗子市	京浜急行電鉄㈱	東京
240		㈱ウェルハーツ小田急	相模原市	小田急電鉄㈱	東京
241		日清オイリオ・ビジネススタッフ㈱	横浜市	日清オイリオグループ㈱	東京
242		㈱東急ウィル	川崎市	東京急行電鉄㈱	東京
243		㈱富士通ゼネラルハートウェア	川崎市	㈱富士通ゼネラル	神奈川
244		古河ニューリーフ㈱	平塚市	古河電気工業㈱	東京
245		東芝ウィズ㈱	川崎市	㈱東芝	東京
246		㈱トラスト・テック・ウィズ	相模原	㈱トラスト・テック	東京
247		相鉄ウィッシュ㈱	横浜市	相鉄ホールディングス㈱	神奈川
248		㈱クリエイトビギン	横浜市	㈱クリエイトエス・ディー	神奈川

番号	都道府県	特例子会社名	特例子会社所在地	親会社名	親会社名所在地
249	神奈川県	ﾋﾟｱｻﾎﾟｰﾄ(株)	横浜市	ｾﾝﾄｹｱ・ﾎｰﾙﾃﾞｨﾝｸﾞｽ(株)	東京
250		第一三共ﾊﾋﾟﾈｽ(株)	平塚市	第一三共(株)	東京
251		日総ぴゅあ(株)	横浜市	日総工産(株)	神奈川
252		(株)ココット	横浜市	(株)コロワイド	宮城
253		NSKﾌﾚﾝﾄﾞﾘｰｻｰﾋﾞｽ(株)	藤沢市	日本精工(株)	東京
254		ﾆﾁﾍﾞｲﾊｰﾓﾆｰ(株)	愛甲郡愛川町	ﾆﾁﾍﾞｲ	東京
255		(株)アイネット・ﾃﾞｰﾀｻｰﾋﾞｽ	横浜市戸塚区	(株)アイネット	神奈川
256		(株)ぱどｼｯﾌﾟ	横浜市神奈川区	(株)ぱど	東京
257		(株)ﾅﾙﾐﾔ・ﾜﾝﾊﾟ	川崎市川崎区	(株)ﾅﾙﾐﾔ・ｲﾝﾀｰﾅｼｮﾅﾙ	東京
258		薬樹ウィル(株)	大和市	薬樹(株)	神奈川
259		(株)リンクライン	小田原市	コムテック(株)	東京
260		ﾋﾟｰｱｼｽﾄ(株)	相模原市	ﾌﾞｯｸｵﾌｺｰﾎﾟﾚｰｼｮﾝ(株)	神奈川
261		(株)ｸﾛｰﾊﾞｰ・ｻﾞ・ﾁｬﾚﾝｼﾞﾄﾞ	横浜市西区	(株)セノン	東京
262		ｴﾑ・ﾕｰ・ﾋﾞｼﾞﾈｽﾊﾟｰﾄﾅｰ(株)	相模原市	(株)三菱東京UFJ銀行	東京
263		ｸﾞﾘｰﾋﾞｼﾞﾈｽｵﾍﾟﾚｰｼｮﾝｽﾞ(株)	横浜市	ｸﾞﾘｰ(株)	東京
264		アイトスﾌﾟﾗｽ(株)	海老名市	アイトス(株)	大阪
265		(株)Re	綾瀬市	(株)日南	神奈川
266		(株)湘南ｾﾞﾐﾅｰﾙｵｰｼｬﾝ	横浜市西区	(株)湘南ｾﾞﾐﾅｰﾙ	神奈川
267		(株)ｽﾀｯﾌｻｰﾋﾞｽ・ﾋﾞｼﾞﾈｽｻﾎﾟｰﾄ	相模原市	(株)ｽﾀｯﾌｻｰﾋﾞｽ・ﾎｰﾙﾃﾞｨﾝｸﾞｽ	東京
268		富士通ﾊｰﾓﾆｰ(株)	川崎市中原区	富士通(株)	東京
269		(株)アマダﾌﾟﾗﾝﾃｯｸ	伊勢原市	(株)アマダ ﾎｰﾙﾃﾞｨﾝｸﾞｽ	神奈川
270		ｽﾘｰｴﾑﾌｪﾆｯｸｽ(株)	相模原市	ｽﾘｰｴﾑｼﾞｬﾊﾟﾝﾎｰﾙﾃﾞｨﾝｸﾞｽ合同会社	東京
271		NRIみらい(株)	横浜市保土ヶ谷区	(株)野村総合研究所	東京
272		(株)富士通SSLﾊｰﾓﾆｰ	川崎市中原区	(株)富士通ｿｰｼｱﾙｻｲｴﾝｽﾗﾎﾞﾗﾄﾘ	神奈川
273	新潟県	アイコール(株)	燕市	アイテックス(株)	新潟
274		(株)夢ｶﾞｰﾃﾞﾝ	長岡市	緑水工業(株)	新潟
275	富山県	アルビスｸﾘｰﾝｻﾎﾟｰﾄ(株)	射水市	アルビス(株)	富山
276		小林製薬ﾁｬﾚﾝｼﾞﾄﾞ(株)	富山市	小林製薬(株)	大阪
277		(株)F&F	砺波市	(株)ヨシケイライフスタイル	富山
278	石川県	ふぁみーゆ ﾂﾀﾞ ｺﾏ(株)	金沢市	津田駒工業(株)	石川
279		(株)ﾊｰﾄｺｰﾌﾟ いしかわ	白山市	生活協同組合 ｺｰﾌﾟ いしかわ	石川
280	山梨県	甲府積水産業(株)	甲府市	積水化学工業(株)	大阪
281	長野県	ｴﾌﾟｿﾝﾐｽﾞﾍﾞ(株)	諏訪市	ｾｲｺｰｴﾌﾟｿﾝ(株)	長野
282		多摩川ﾘﾝｸｽ(株)	飯田市	多摩川精機(株)	長野
283	岐阜県	※(株)ｻﾝ・ｼﾝｸﾞ東海	揖斐郡大野町	(株)ﾄｰｶｲ	岐阜
284		Man to Man Animo(株)	大垣市	Man to Man ﾎｰﾙﾃﾞｨﾝｸﾞｽ(株)	愛知
285		(株)ひまわり畑	加茂郡	(株)橋本	岐阜
286		二甲(株)	不破郡	三甲(株)	岐阜
287		(株)ｿｴﾙ	大垣市	(株)システムリサーチ	愛知
288		ﾅﾌﾞﾃｽｺﾘﾝｸ(株)	不破郡	ﾅﾌﾞﾃｽｺ(株)	東京
289		(株)ﾄﾞｩﾒﾝﾃｯｸｽ	岐阜市	ﾄﾞﾙﾌｨﾝ(株)	岐阜
290	静岡県	※(株)ｴｲ・ﾋﾟｰ・アイ	沼津市	ｽﾙｶﾞ銀行(株)	静岡
291		(株)ヤマハアイワークス	浜松市	ヤマハ(株)	静岡
292		矢崎ﾋﾞｼﾞﾈｽｻﾎﾟｰﾄ(株)	裾野市	矢崎総業(株)	静岡
293		(株)ｽｽﾞｷ・ｻﾎﾟｰﾄ	浜松市	ｽｽﾞｷ(株)	静岡
294		(株)TBEｹﾐｶﾙ	焼津市	(株)東海ﾋﾞﾙｴﾝﾀｰﾌﾟﾗｲｽﾞ	静岡
295		さんしんﾊｰﾄﾌﾙ(株)	伊豆の国市	三島信用金庫	静岡
296		日軽金オーリス(株)	静岡市	日本軽金属(株)	東京
197		ヤマハﾓｰﾀｰ MIRAI(株)	磐田市	ヤマハ発動機(株)	静岡
298		(株)ｿﾐｯｸ・ﾜﾝ	浜松市南区	(株)ｿﾐｯｸ石川	静岡

巻末資料

番号	都道府県	特例子会社名	特例子会社所在地	親会社名	親会社名所在地
299	愛知県	ﾃﾞﾝｿｰ太陽㈱	蒲郡市	㈱ﾃﾞﾝｿｰ	愛知
300		愛知玉野情報ｼｽﾃﾑ㈱	名古屋市	玉野総合ｺﾝｻﾙﾀﾝﾄ㈱	愛知
301		※日東電工ひまわり㈱	豊橋市	日東電工㈱	大阪
302		中電ｳｲﾝｸﾞ㈱	名古屋市	中部電力㈱	愛知
303		ｴﾑ・ﾕｰ・ﾋﾞｼﾞﾈｽｴｲﾄﾞ㈱	北名古屋市	㈱三菱東京UFJ銀行	東京
304		㈱MMCｳｲﾝｸﾞ	岡崎市	三菱自動車工業㈱	東京
305		㈱ｼﾞｪｲｱｰﾙ東海ｳｪﾙ	名古屋市	東海旅客鉄道㈱	東京
306		ｽｷﾞｽﾏｲﾙ㈱	大府市	ｽｷﾞﾎｰﾙﾃﾞｨﾝｸﾞｽ㈱	愛知
307		ﾄﾖﾀﾙｰﾌﾟｽ㈱	豊田市	ﾄﾖﾀ自動車㈱	愛知
308		TGｳｪﾙﾌｪｱ㈱	清須市	豊田合成㈱	愛知
309		㈱ｹﾞｵﾋﾞｼﾞﾈｽｻﾎﾟｰﾄ	春日井市	㈱ｹﾞｵﾎｰﾙﾃﾞｨﾝｸﾞｽ	愛知
310		㈱住理工ｼﾞｮｲﾌﾙ	小牧市	住友理工㈱	愛知
311	愛知県	㈱ｱｲｺｰ	安城市	愛知県厚生農業協同組合連合会	愛知
312		㈱ｽｽﾞｹﾝｼﾞｮｲﾅｽ	名古屋市	㈱ｽｽﾞｹﾝ	愛知
313		日本ｾﾞﾈﾗﾙｻﾎﾟｰﾄ㈱	尾張旭市	日本ｾﾞﾈﾗﾙﾌｰﾄﾞ㈱	愛知
314		㈱ｽﾏｲﾙ・ｶﾈｽｴ	一宮市	㈱ｶﾈｽｴ	愛知
315		㈱ｲﾅﾃｯｸｻｰﾋﾞｽ	西尾市	㈱ｲﾅﾃｯｸ	愛知
316		㈱ｶｼﾞｽﾏｲﾙ	一宮市	㈱ｶｼﾞ・ｺｰﾎﾟﾚｰｼｮﾝ	愛知
317		㈱ﾊｰﾄｺｰﾌﾟあいち	小牧市	生活協同組合 ｺｰﾌﾟあいち	愛知
318		㈱ﾃﾞﾝｿｰﾌﾟﾗｯｻﾑ	刈谷市	㈱ﾃﾞﾝｿｰ	愛知
319		名古屋昭和建物ｻｰﾋﾞｽ㈱	名古屋市	昭和建物管理㈱	愛知
320		ｵｰｴｽﾊﾟｰﾄﾅｰ㈱	岡崎市	岡崎信用金庫	愛知
321		にっとくｽﾏｲﾙ㈱	小牧市	日本特殊陶業㈱	愛知
322		※㈱三重ﾃﾞｰﾀｸﾗﾌﾄ	津市	JFEｴﾝｼﾞﾆｱﾘﾝｸﾞ㈱	神奈川
323		㈱三厚連ｳｲｽﾞ	鈴鹿市	三重県厚生農業協同組合連合会	三重
324	三重県	SWSｽﾏｲﾙ㈱	津市	住友電装㈱	三重
325		㈱ｲﾝﾃﾘｱﾌﾟﾗﾝﾂ	四日市市	㈱ｽﾀｯﾌﾌﾞﾘｯｼﾞ	三重
326		百五管理ｻｰﾋﾞｽ㈱	津市	㈱百五銀行	三重
327		㈱ｾﾚｽ	松坂市	㈱米若	三重
328		日東ひまわり亀山㈱	亀山市	日東電工㈱	大阪
329		電気硝子ﾕﾆﾊﾞｰｻﾎﾟｰﾄ㈱	大津市	日本電気硝子㈱	滋賀
330		㈱ｸﾚｰﾙ	犬上郡多賀町	参天製薬㈱	大阪
331		ｶﾙﾋﾞｰ・ｲｰﾄｰｸ㈱	湖南市	ｶﾙﾋﾞｰ㈱	東京
332	滋賀県	※ﾊﾟﾅｿﾆｯｸｱｿｼｴｲﾂ滋賀㈱	彦根市	ﾊﾟﾅｿﾆｯｸ㈱	大阪
333		㈱ｻﾆｰﾘｰﾌ	彦根市	㈱平和堂	滋賀
334		㈱ｱﾔﾊ環境開発	草津市	綾羽㈱	滋賀
335		㈱びわこﾋﾞｼﾞﾈｽｻｰﾋﾞｽ	大津市	㈱関西ｱｰﾊﾞﾝ銀行	大阪
336		ｵﾑﾛﾝ京都太陽㈱	京都市	ｵﾑﾛﾝ㈱	京都
337		㈱GSﾕｱｻｿｼｴ	京都市	㈱GSﾕｱｻ	京都
338		㈱u&n	京都市	㈱ﾆｯｾﾝﾎｰﾙﾃﾞｨﾝｸﾞｽ	京都
339		㈱ﾀｶｶﾞﾉﾘｰﾌﾟｽ	木津川市	㈱ﾀｶｶﾞﾉ	大阪
340		㈱ﾊｰﾄｺｰﾌﾟきょうと	京都市	京都生活協同組合	京都
341	京都府	㈱ｽﾄｰﾝﾌﾘｰ	京都市	株式会社ｴｽﾕｰｴｽ	京都
342		日新ﾊｰﾄﾌﾙﾌﾚﾝﾄﾞ㈱	京都市	日新電機㈱	京都
343		㈱ﾋﾟｰﾑｳﾄﾞｩ	京都市	㈱ﾊｳｽﾄﾞｩ	京都
344		㈱立命館ぷらす	京都市	学校法人 立命館	京都
345		㈱王将ﾊｰﾄﾌﾙ	京都市	㈱王将ﾌｰﾄﾞｻｰﾋﾞｽ	京都
346		㈱SCREENﾋﾞｼﾞﾈｽｴｷｽﾊﾟｰﾄ	京都市	㈱SCREENﾎｰﾙﾃﾞｨﾝｸﾞｽ	京都
347	大阪府	ｼｬｰﾌﾟ特選工業㈱	大阪市	ｼｬｰﾌﾟ㈱	大阪
348		ﾊﾟﾅｿﾆｯｸｴｺｼｽﾃﾑｽﾞ共栄㈱	大阪市	ﾊﾟﾅｿﾆｯｸｴｺｼｽﾃﾑｽﾞ㈱	愛知

番号	都道府県	特例子会社名	特例子会社所在地	親会社名	親会社名所在地
349	大阪府	※ﾊﾟﾅｿﾆｯｸ交野㈱	交野市	ﾊﾟﾅｿﾆｯｸ㈱	大阪
350		㈱ﾀﾞｲｷ	大阪市	㈱ﾀﾞｲﾍﾝ	大阪
351		SMBCｸﾞﾘｰﾝｻｰﾋﾞｽ㈱	大阪市	㈱三井住友銀行	東京
352		㈱ﾆｯｾｲﾆｭｰｸﾘｴｰｼｮﾝ	大阪市	日本生命保険相互会社	大阪
353		※㈱ﾀﾞｲｷﾝｻﾝﾗｲｽﾞ摂津	摂津市	ﾀﾞｲｷﾝ工業㈱	大阪
354		※㈱かんでんエルハート	大阪市	関西電力㈱	大阪
355		㈱ｴﾙｱｲ武田	大阪市	武田薬品工業㈱	大阪
356		㈱ｽﾐｾｲﾊｰﾓﾆｰ	大阪市	住友生命保険相互会社	大阪
357		ｸﾎﾞﾀﾜｰｸｽ㈱	大阪市	㈱ｸﾎﾞﾀ	大阪
358		ｺｸﾖﾊｰﾄ㈱	大阪市	ｺｸﾖ㈱	大阪
359		㈱あしすと阪急阪神	大阪市	阪急阪神ﾎｰﾙﾃﾞｨﾝｸﾞｽ㈱	大阪
360		㈱南海ﾊｰﾄﾌﾙｻｰﾋﾞｽ	大阪市	南海電気鉄道㈱	大阪
361		㈱ｻﾎﾟｰﾄ21	大阪市	㈱ｹｱ21	大阪
362		㈱ｳｲﾙﾊｰﾂ	大阪市	㈱ｳｲﾙﾃｯｸ	大阪
363		㈱ｷﾘﾝﾄﾞｳﾍﾞｽﾄ	東大阪市	㈱ｷﾘﾝ堂	大阪
364		ﾊｰﾄﾗﾝﾄﾞ㈱	泉南市	ｺｸﾖ㈱	大阪
365		㈱NTT西日本ルセント	大阪市都島区	西日本電信電話㈱	大阪
366		ﾊｳｽあいﾌｧｸﾄﾘｰ㈱	東大阪市	ﾊｳｽ食品ｸﾞﾙｰﾌﾟ本社㈱	大阪
367		ｸﾎﾞﾀｻﾝﾍﾞｼﾞﾌｧｰﾑ㈱	南河内郡	㈱ｸﾎﾞﾀ	大阪
368		㈱ﾊｰﾄｺｰﾌﾟいずみ	和泉市	大阪いずみ市民生活協同組合	大阪
369		㈱ｴｸｾﾃﾞｨ太陽	寝屋川市	㈱ｴｸｾﾃﾞｨ	大阪
370		ﾌｼﾞｱﾙﾃｽﾀｯﾌｻﾎﾟｰﾄｾﾝﾀｰ㈱	堺市	ﾌｼﾞｱﾙﾃ㈱	大阪
371		㈱ﾌﾘｰｹﾞｰﾄ白浜	大阪市	㈱ﾊﾟﾙｸﾞﾙｰﾌﾟﾎｰﾙﾃﾞｨﾝｸﾞ	大阪
372		㈱共生	東大阪市	㈱万代	大阪
373		ﾔﾝﾏｰｼﾝﾋﾞｵｼｽ㈱	大阪市北区	ﾔﾝﾏｰﾎｰﾙﾃﾞｨﾝｸﾞｽ㈱	大阪
374		ﾃﾞｨｰｾﾞﾙｼﾞｬﾊﾟﾝｻｰﾋﾞｽ㈱	大阪市中央区	ﾃﾞｨｰｾﾞﾙｼﾞｬﾊﾟﾝ㈱	大阪
375		㈱ｳｪﾙﾒｯﾄ	貝塚市	㈱ｳｨｺﾞｰ	東京
376		㈱三幸舎ﾗﾝﾄﾞﾘｰｾﾝﾀｰ	泉佐野市	㈱吉野家ﾎｰﾙﾃﾞｨﾝｸﾞｽ	東京
377		ﾊﾟﾅｿﾆｯｸﾊｰﾄﾌｧｰﾑｱｿｼｴｲﾂ㈱	大東市	ﾊﾟﾅｿﾆｯｸ㈱	大阪
378		㈱ｴｲﾁ・ﾂｰ・ｵｰｽﾏｲﾙ	大阪市北区	ｴｲﾁ・ﾂｰ・ｵｰﾘﾃｨﾘﾝｸﾞ㈱	大阪
379		京阪ｽﾏｲﾙﾊｰﾄ㈱	大阪市中央区	京阪ﾎｰﾙﾃﾞｨﾝｸﾞｽ㈱	大阪
380		㈱瀧定関西商品ｾﾝﾀｰ	大阪府箕面市	ｽﾀｲﾚﾑ㈱	大阪
381		㈱ｼｹﾞｲﾋﾞｼﾞﾈｽｻﾎﾟｰﾄ大阪	大阪市淀川区	㈱滋慶	大阪
382		日東ひまわり茨木㈱	茨木市	日東電工㈱	大阪
383		田辺ﾊﾟﾙﾑｻｰﾋﾞｽ㈱	大阪市淀川区	田辺三菱製薬㈱	大阪
384		ﾊﾟｰｿﾙ ﾊﾟﾅｿﾆｯｸ ｴｸｾﾙｱｿｼｴｲﾂ㈱	大阪市	ﾊﾟｰｿﾙﾎｰﾙﾃﾞｨﾝｸﾞｽ㈱	東京
385	兵庫県	明和工業協同組合	明石市	大和製衡㈱	兵庫
386		※阪神友愛食品㈱	西宮市	生活協同組合ｺｰﾌﾟこうべ	兵庫
387		㈲ｴﾇ・ｴｽ・ｸﾞﾘｰﾝ	姫路市	㈱日本触媒	大阪
388		YKK六甲㈱	神戸市	YKK㈱	富山
389		ｸﾞﾛｰﾘｰﾌﾚﾝﾄﾞﾘｰ㈱	姫路市	ｸﾞﾛｰﾘｰ㈱	兵庫
390		㈱ﾜｰﾙﾄﾞﾋﾞｼﾞﾈｽｻﾎﾟｰﾄ	神戸市	㈱ﾜｰﾙﾄﾞ	兵庫
391		㈱SRIｳｨｽﾞ	神戸市	住友ゴム工業㈱	兵庫
392		日本ﾊﾟｰｿﾈﾙｾﾝﾀｰ㈱	神戸市	ﾕｰｼｰﾎｰﾙﾃﾞｨﾝｸﾞｽ㈱	兵庫
393		㈱ｴｽｺｱﾊｰﾂ	加古郡稲美町	㈱ﾉｰﾘﾂ	兵庫
394		㈱ﾅﾘｽ ｺｽﾒﾃｨｯｸ ﾌﾛﾝﾃｨｱ	神戸市	㈱ﾅﾘｽ化粧品	大阪
395		すみでんフレンド㈱	伊丹市	住友電気工業㈱	大阪
396		㈱JR西日本あいウィル	尼崎市	西日本旅客鉄道㈱	大阪
397		昌和不動産㈱	伊丹市	東洋ゴム工業㈱	兵庫
398		WDB独歩㈱	姫路市	WDBﾎｰﾙﾃﾞｨﾝｸﾞｽ㈱	兵庫

番号	都道府県	特例子会社名	特例子会社所在地	親会社名	親会社名所在地
399		㈱ことぶきビジネスサポート	芦屋市	㈱阪神調剤薬局	兵庫
400		㈱トーホーウイング	神戸市	㈱トーホー	兵庫
401		㈱川重ハートフルサービス	神戸市	㈱川崎重工業	兵庫
402		新明和ハートフル㈱	神戸市東灘区	新明和工業㈱	兵庫
403	兵庫県	播磨三洋工業㈱	加西市	パナソニック㈱	大阪
404		㈱トリドールD&I	神戸市中央区	㈱トリドールホールディングス	兵庫
405		㈱すまいるこころ	神戸市須磨区	㈱フロンティア	大阪
406		シスメックスハーモニー㈱	神戸市西区	シスメックス㈱	兵庫
407		㈱コントリー	明石市	㈱ラフト	兵庫
408	奈良県	㈱ハートフルコープなら	磯城郡	市民生活協同組合ならコープ	奈良
409	和歌山県	NSハートフルサービス㈱	和歌山市	新日鐵住金㈱	東京
410		紀陽ビジネスサービス㈱	和歌山市	㈱紀陽銀行	和歌山
411		㈱センコースクールファーム鳥取	東伯郡	センコー㈱	大阪
412	鳥取県	㈱大山どりーむ	米子市	㈱大山どり	鳥取
413		パナソニックアソシエイツ鳥取 （株）	鳥取市	パナソニック㈱	大阪
414		愛ファクトリー㈱	鳥取市	㈱インフォメーション・ディベロプメント	東京
415	鳥取県	㈱フジオファーム	東伯郡北栄町	㈱フジオフードシステム	大阪
416	島根県	島根ナカバヤシサンワークス㈱	出雲市	島根ナカバヤシ㈱	島根
417		※パナソニック吉備㈱	加賀郡吉備中央町	パナソニック㈱	大阪
418		㈱グロップサンセリテ	岡山市	㈱グロップ	岡山
419	岡山県	㈱日研環境サービス	倉敷市	日研トータルソーシング㈱	東京
420		㈱ビーハッピー	苫田郡	㈱山田養蜂場本社	岡山
421		㈱キャプラ・ウィッシュ	岡山市	㈱キャリアプランニング	岡山
422		㈱キョウセイ	倉敷市	倉敷化工㈱	岡山
423		※㈱広島情報シンフォニー	広島市	㈱サンネット	広島
424		松尾電気㈱	三原市大和町	スタンレー電気㈱	東京
425		JFEアップル西日本㈱	福山市	JFEスチール㈱	東京
426		㈱ダイソーウイング	東広島市	㈱大創産業	広島
427		㈱アクレス	福山市	㈱コパックス	広島
428		㈱ハートコープひろしま	広島市安佐北区	生活協同組合ひろしま	広島
429		㈱もりじょう	広島市西区	丸井産業㈱	広島
430	広島県	ツネイシチャレンジド㈱	福山市沼隈町	ツネイシホールディングス㈱	広島
431		㈱ハートコープおのみち	広島市	生活協同組合連合会 コープ中国四国事業連合	広島
432		㈱イー・アール・ジャパン	福山市	㈱エディオン	大阪
433		㈱シンワユニバル	尾道市	新和ビル・サービス㈱	広島
434		㈱すまいるエブリイ	福山市	㈱エブリイホーミーホールディングス	広島
435		チャレンジこざかなくん	尾道市	㈱カタオカ	広島
436		日東ひまわり尾道㈱	尾道市	日東電工㈱	大阪
437	山口県	㈲リベルタス興産	宇部市	宇部興産㈱	山口
438	徳島県	はーとふる川内㈱	板野郡北島町	大塚製薬㈱	東京
439		㈱ハートフルコープとくしま	板野郡板野町	生活協同組合とくしま生協	徳島
440		大黒友愛紙工㈱	三豊市	大黒工業㈱	愛媛
441	香川県	㈱T-NETvigla	高松市	㈱ティーネットジャパン	香川
442		あなぶきパートナー㈱	高松市	穴吹興産㈱	香川
443		大王製紙保安検査システム㈱	四国中央市	大王製紙㈱	愛媛
444		日本食研スマイルパートナーズ㈱	今治市	日本食研ホールディングス㈱	愛媛
445	愛媛県	㈱フジ・ハートデリカ	松山市	㈱フジデリカ・クオリティ	愛媛
446		スミリンウッドピース㈱	新居浜市	住友林業㈱	東京
447		ミウラジョブパートナー㈱	松山市	三浦工業（株）	愛媛

番号	都道府県	特例子会社名	特例子会社所在地	親会社名	親会社名所在地
448	愛媛県	PHCアソシエイツ㈱	東温市	PHCホールディングス㈱	東京
449	高知県	㈱エヒゴダックス	南国市	㈱エヒゴ	広島
450		㈱ハートフルコープこうち	南国市	こうち生活協同組合	高知
451		※サンアクアTOTO㈱	北九州市	TOTO㈱	福岡
452		※㈱ピー・ピー・シー	福岡市	㈱ベスト電器	福岡
453		㈱九電工フレンドリー	福岡市	㈱九電工	福岡
454		㈱グリーンフラッシュ	福岡市	㈱コスモス薬品	福岡
455		㈱九州字幕放送共同制作センター	福岡市	九州電力㈱	福岡
456		※九州地理情報㈱	福岡市	㈱ワールドホールディングス	福岡
457	福岡県	タマアグリ㈱	筑後市	タマホーム㈱	東京
458		西鉄ウィルアクト㈱	福岡市	西日本鉄道㈱	福岡
459		㈱希望の里	筑後市	㈱アクセス・ジャパン	福岡
460		㈱プレナスワークサービス	福岡市	㈱プレナス	福岡
461		㈱チャレンジド・アソウ	福岡市	㈱アソウ・ヒューマニーセンター	福岡
462		㈱ハートコープえふ	糟屋郡篠栗町	エフコープ生活協同組合	福岡
463		㈱あなぶきパートナー九州	福岡市	㈱穴吹ハウジングサービス	香川
464		西部ガス絆結㈱	春日市	西部ガス㈱	福岡
465		化成フロンティアサービス㈱	北九州市	三菱ケミカル㈱	東京
466	佐賀県	SUMCOサポート㈱	伊万里市	㈱SUMCO	東京
467		㈱ハートコープさが	鳥栖市	コープさが生活協同組合	佐賀
468	長崎県	※プリマルーケ㈱	雲仙市国見町	プリマハム㈱	東京
469		※希望の里ホンダ㈱	宇城市松橋町	本田技研工業㈱	東京
470	熊本県	西九州ハートフルサービス㈱	熊本市	熊青西九州青果㈱	熊本
471		㈱ぞうさんのはな	合志市	㈱三好不動産	福岡
472		オムロン太陽㈱	別府市	オムロン㈱	京都
473		ソニー・太陽㈱	速見郡日出町	ソニー㈱	東京
474		ホンダ太陽㈱	速見郡日出町	本田技研工業㈱	東京
475		三菱商事太陽㈱	別府市	三菱商事㈱	東京
476	大分県	富士通エフサス太陽㈱	別府市	㈱富士通エフサス	東京
477		日豊オノダ㈱	津久見市	太平洋セメント㈱	東京
478		㈱ジョイフルサービス	大分市	㈱ジョイフル	大分
479		キヤノンウィンド㈱	大分市	大分キヤノン㈱	大分
480		大銀オフィスサービス㈱	大分市	㈱大分銀行	大分
481		ホンダR&D太陽㈱	速見郡日出町	本田技研工業㈱	東京
482	宮崎県	㈱旭化成アビリティ	延岡市	旭化成㈱	東京
483		GMOドリームウェーヴ㈱	宮崎市	GMOアドパートナーズ㈱	東京
484	鹿児島県	㈱愛生	曽於郡大崎町	㈱岩田屋三越	福岡
485		ふれあい・ささえあい㈱	鹿児島市	㈱新日本科学	鹿児島
486	沖縄県	㈱ハートコープおきなわ	那覇市	生活協同組合コープおきなわ	沖縄

おわりに

　このたび、本書の執筆にあたって私自身、改めて考えさせられたことがあります。

　実際に、障がい者雇用を進めるには、障がい者雇用についての様々な知識や情報、事例を知ることも大切なことだと思い知らされました。そして、それにも増して目の前にいる障がいのある方について知る必要性や、一人ひとりに向き合う姿勢が最も重要なことだと改めて感じさせられました。

　知的障がい者や発達障がい者と共に時間を過ごす実際の現場では、言語的に聴くことができない場合もありますが、広い意味で、相手のことを知る、聴く気持ちが大切だと思います。各企業が障がい者雇用を組織成長における一つの「機会」として捉え、すべてのスタッフと共に成長する組織となっていただければ幸いです。そして今後、障がい者雇用や障がい者に対する理解が進むことによって、企業や障がい者本人のみならず、障がい者の家族までもが幸せになると信じています。

　最後になりましたが、本書を世に送り出すことができたのは、執筆にあたってこれまでにお会いしたすべての方々のご助力のおかげです。特に、就労支援活動で一緒に汗を流して下さった多くのプロジェクトメンバーの経験・知恵にも助けられました。そして、支援させて頂いた障がい者や企業の方々にも鍛えられ、今の私があります。ありがとうございました。

　また、このたびの執筆の機会を与えてくださった株式会社アソウ・ヒューマニーセンターの皆様、および面倒な編集を担当してくださったケイズプロダクションの山田様、串田様に深く感謝いたします。

　そして、本書が障がい者雇用を進める企業の人事担当者の方々にとって少しでもお役に立つことができれば幸いです。最後までお読みいただきありがとうございました。

令和2年7月吉日

二見　武志

【改訂版】
障がい者雇用の教科書
人事が知るべき5つのステップ

著者紹介
二見 武志（ふたみ たけし）

1980年、鹿児島県生まれ。障がい者の就労支援や企業支援を手掛け、その後、自治体や国の公職を歴任。現在までに700名以上の障がい者に対して就職を支援し、就職後の障がい者に対してはキャリア形成についても積極的に支援してきた。こうした活動の中、企業における障がい者雇用の理解と促進の必要性を感じ、障がい者雇用についての企業向け研修事業を国内外で積極的に実施。現在までに800社以上を対象に研修を行っている。自身の事業所内に於いては、知的障がい者及び精神障がい者を中心に、多くの障がい者をスタッフとして受け入れている。

2015年4月10日　初版第1刷
2020年9月20日　改訂第1刷

著　者　　二見武志
編集・制作　ケイズプロダクション
発行者　　籠宮啓輔
発行所　　太陽出版
　　　　　東京都文京区本郷4-1-14　〒113-0033
　　　　　TEL 03（3814）0471　FAX 03（3814）2366
　　　　　http://www.taiyoshuppan.net/
　　　　　E-mail info@taiyoshuppan.net

ISBN978-4-86723-007-7